Holt Spanish 2

Cuaderno de actividades

Teacher's Edition

HOLT, RINEHART AND WINSTON

A Harcourt Education Company

Orlando • **Austin** • New York • San Diego • Toronto • London

Table of Contents

To the Teacher iv

Capítulo 1
Vocabulario 1/Gramática 1 1
Cultura 4
Vocabulario 2/Gramática 2 5
Leamos 8
Integración 9

Capítulo 2
Vocabulario 1/Gramática 1 11
Cultura 14
Vocabulario 2/Gramática 2 15
Leamos 18
Integración 19

Capítulo 3
Vocabulario 1/Gramática 1 21
Cultura 24
Vocabulario 2/Gramática 2 25
Leamos 28
Integración 29

Capítulo 4
Vocabulario 1/Gramática 1 31
Cultura 34
Vocabulario 2/Gramática 2 35
Leamos 38
Integración 39

Capítulo 5
Vocabulario 1/Gramática 1 41
Cultura 44
Vocabulario 2/Gramática 2 45
Leamos 48
Integración 49

Capítulo 6
Vocabulario 1/Gramática 1 51
Cultura 54
Vocabulario 2/Gramática 2 55
Leamos 58
Integración 59

Capítulo 7
Vocabulario 1/Gramática 1 61
Cultura 64
Vocabulario 2/Gramática 2 65
Leamos 68
Integración 69

Capítulo 8
Vocabulario 1/Gramática 1 71
Cultura 74
Vocabulario 2/Gramática 2 75
Leamos 78
Integración 79

Capítulo 9
Vocabulario 1/Gramática 1 81
Cultura 84
Vocabulario 2/Gramática 2 85
Leamos 88
Integración 89

Capítulo 10
Vocabulario 1/Gramática 1 91
Cultura 94
Vocabulario 2/Gramática 2 95
Leamos 98
Integración 99

¡Invéntate! Activities
Capítulo 1 102
Capítulo 2 104
Capítulo 3 106
Capítulo 4 108
Capítulo 5 110
Capítulo 6 112
Capítulo 7 114
Capítulo 8 116
Capítulo 9 118
Capítulo 10 120
En resumen 122

To the Teacher

The *Cuaderno de actividades* contains multiple opportunities for students to practice the newly learned vocabulary, functional expressions, and grammar in real-life contexts. A variety of formats makes the activities appealing and ensures that students will be able to use their new language skills in a wide range of situations.

Each chapter of the *Cuaderno de actividades* provides the following types of practice.

Vocabulario 1, 2/Gramática 1, 2

Multiple activities in a variety of formats give students the opportunity to practice the vocabulary, functional expressions, and grammar in each section of the chapter. Through this practice, students progress from structured practice to open-ended, personalized use of the language.

Cultura

This section has a combination of closed-ended and open-ended activities and targets the newly acquired cultural information from the chapter.

Leamos

Additional reading selections and comprehension activities give students opportunities to practice the vocabulary and skills taught in the chapter.

Integración

The activities in the two-page **Integración** section are a combination of closed-ended and open-ended activities that provide cumulative, integrated practice of the language presented and practiced in all of the chapters leading up to the current one.

¡Invéntate!

The goal of the activities in this section, which are completely open-ended, is to personalize the material. They require the student to write about themselves (likes, dislikes, family and friends, personal experiences, the environment at school and home, and so on) or to describe the same things for an alter ego. The activities are mostly for individuals, such as essays and craft projects. A few group activities, such as collaborative stories and presentations, are included as well. The activities are thematically related to the chapter and invite the student to be creative and personally expressive.

Familiares y amigos

VOCABULARIO 1/GRAMÁTICA 1

1 Eres un estudiante nuevo en el colegio y tus compañeros quieren conocerte.
Contesta las preguntas. **Answers will vary.**

    1. ¿Cómo te llamas?

    _____

    2. ¿Cuántos años tienes?

    _____

    3. ¿Cómo eres?

    _____

    4. ¿Cómo son tus padres?

    _____

    5. ¿Qué haces todas las mañanas?

    _____

    6. ¿Qué hacen tus amigos los fines de semana?

    _____

2 Escribe un párrafo sobre tu rutina y la rutina de tu familia por las tardes. Incluye
las actividades y quehaceres que hacen tus padres y tus hermanos.

_____

Answers will vary.

_____

_____

_____

_____

_____

_____

_____

_____

_____

_____

_____

_____

CAPÍTULO

1

VOCABULARIO 1/GRAMÁTICA 1

3 Mira la siguiente foto de la familia Pérez y decide si las frases siguientes son **C** (**ciertas**) o si son **F** (**falsas**).

__C__ **1.** Los fines de semana, María juega al tenis.

__F__ **2.** Rocío juega mucho al fútbol.

__F__ **3.** Al señor y a la señora Pérez no les gusta jugar al golf.

__C__ **4.** A la abuela le gusta mucho leer.

__C__ **5.** A veces el abuelo nada en la piscina.

__C__ **6.** La familia Pérez es bastante atlética.

__F__ **7.** La abuela está en una silla de ruedas.

4 Mira la foto de la familia Guzmán y describe lo que le gusta hacer los domingos a cada persona. **Answers will vary. Possible answers:**

1. Al señor Guzmán _le gusta leer el periódico_.

2. A Juan _le gusta ver la televisión_.

3. A Daniela _le gusta leer revistas_.

4. A Luz _le gusta hablar por teléfono_.

5. A la señora Guzmán _le gusta trabajar en la computadora_.

5 Completa el crucigrama *(crossword puzzle)* usando las pistas *(clues)*.

Horizontal

2. Me gusta mucho. = Me __.

4. Lunes a domingo

6. —¿ ___ ___ tú? —Yo soy alto y...

7. No es alto, es ___.

Vertical

1. Goldilocks es __.

2. A Ana le gusta ir a fiestas y salir con amigos. Es __.

3. Me gustan los deportes. Soy __.

5. Los sábados y domingos son los fines de __.

6 Escribe un párrafo que describe cómo es uno(a) de tus amigos(as). Incluye sus características físicas y su personalidad.

Answers will vary.

_____

_____

_____

_____

_____

_____

_____

_____

3

Familiares y amigos

7 Escribe la letra de la persona que corresponde a cada descripción.

__b__ **1.** He painted the mural *La gran Tenochtitlan*, which hangs in the National Palace.

__c__ **2.** He came to Tenochtitlan in 1519 and conquered it two years later.

__a__ **3.** It represents an Aztec warrior and can be found in **el Museo del Templo Mayor.**

__e__ **4.** He is the god of rain and water.

__d__ **5.** He became emperor of the Aztecs in 1502.

a. El caballero águila
b. Diego Rivera
c. Hernán Cortés
d. Moctezuma
e. Tláloc

8 Recuerda las notas culturales y contesta las preguntas.

1. One of the most interesting places in Mexico City is Xochimilco. Describe this place and write about what people do there on weekends.

Answers will vary. Possible answer:

Xochimilco is a park filled with floating gardens where many people

go on the weekends to have picnics and take boat rides.

_____

_____

_____

_____

_____

2. When is Mexican Independence Day and how is it celebrated? Tell what event marks the beginning of the celebration and describe a traditional dish prepared on this day. Compare this celebration with the way you celebrate the 4th of July in your community.

Answers will vary. Possible answer:

Mexican Independence Day is on September 16th, and starts when the

Mexican president shouts "¡Viva México!" from the National Palace. A

traditional dish that is served is chiles en nogada. My family typically

celebrates the 4th of July with a barbecue and fireworks.

_____

_____

_____

Holt Spanish 2

Cuaderno de actividades

Familiares y amigos

Durante las vacaciones mis amigos y yo pensamos…

9 Tú y tus amigos están en una ciudad nueva. ¿Adónde piensan ir? Completa cada conversación según los dibujos. **Answers will vary. Possible answers:**

1. Manuela, ¿qué quieres hacer esta tarde?

   Quiero ir de compras.

   ¿Qué quieres comprar?

2. ¿Vas a ir al centro comercial o al mercado?

   Voy a ir al mercado.

   ¿Vas a gastar mucho dinero o poco?

3. Y ustedes, ¿adónde piensan ir por la tarde?

   Pensamos ir al zoológico.

   ¿Cuándo van a regresar a casa?

4. ¿Tienen planes para el sábado?

   Queremos visitar el museo.

   ¿Qué quehaceres tienen que hacer antes de ir?

5. Tengo hambre. ¿Qué vamos a hacer?

   Vamos a comer en un restaurante.

   ¿Cómo vamos a ir? ¿En carro o autobús?

CAPÍTULO

1

<u>VOCABULARIO 2/GRAMÁTICA 2</u>

10 Lee cada oración sobre la fiesta de esta noche y completa las frases usando expresiones con el verbo **tener**.

MODELO Manuel se pone un suéter antes de venir a la fiesta. Él **tiene frío.**

1. Me duele la cabeza y tengo fiebre. No puedo venir a la fiesta, porque
tengo catarro .

2. Traigo un vaso de agua a Francisco, porque él _____ **tiene sed** _____.

3. Ana sale tarde para ir a la fiesta y ahora ella _____ **tiene prisa** _____.

4. Miguel se olvidó de comprar comida para la fiesta. Los invitados no comieron antes de venir. Los invitados _____ **tienen hambre** _____.

5. Mañana Carlos tiene un examen y no puede venir a la fiesta. Él
tiene que estudiar .

6. Es medianoche y los invitados están saliendo. Ellos _____ **tienen sueño** _____.

11 Imagina que organizas una fiesta. Contesta las siguientes preguntas sobre la fiesta.

MODELO ¿Dónde piensas hacer la fiesta?   <u>Pienso hacer la fiesta en mi casa.</u>

1. ¿A quién quieres invitar? **Answers will vary. Possible answers:**
Quiero invitar a todos mis amigos.

2. ¿Qué debes hacer en la casa antes de la fiesta?
Debo limpiar los baños y la sala.

3. ¿En qué puedo ayudarte?
Puedes pasar la aspiradora en la sala.

4. ¿Qué hay que hacer en la cocina?
Hay que preparar la comida.

5. ¿Qué comida piensas servir?
Pienso servir pizza y una ensalada.

6. ¿Qué música prefieren escuchar tus invitados?
No sé. No estoy segura.

7. ¿Qué parte de la casa quieres decorar?
Quiero decorar la sala y el patio.

12 Describe lo que está haciendo cada miembro de la familia Menéndez. Luego describe lo que van a hacer después. Usa la expresión **ir a** con un infinitivo.

MODELO La abuela le está dando de comer al gato. Luego va a decorar el patio.

1. Papá __Papá está lavando los platos. Luego va a poner la mesa.__

_____

2. Mamá __Mamá está preparando la cena. Luego va a ir de compras al__ __mercado.__

3. Miguel __Miguel está pasando la aspiradora en la sala. Luego va a__ __cortar el césped.__

4. Luisa __Luisa está leyendo una revista. Luego va a comer el postre.__

_____

13 La mamá de Clara le dice a su hija lo que tiene que hacer. Lee la primera columna y en la segunda, escribe sus mandatos. Usa los verbos en paréntesis.

Los refrescos están en el piso. (poner)	Ponlos en el refrigerador.
1. Hay ropa, papeles y libros en el piso de tu cuarto. (arreglar)	
2. El césped está muy largo. (cortar)	
3. La basura está en la cocina. (sacar)	
4. Los platos están sucios *(dirty)*. (lavar)	

(**7**)

Familiares y amigos

14 Lee el mensaje de Lucía a Armando sobre la fiesta del club de ajedrez y luego contesta las preguntas.

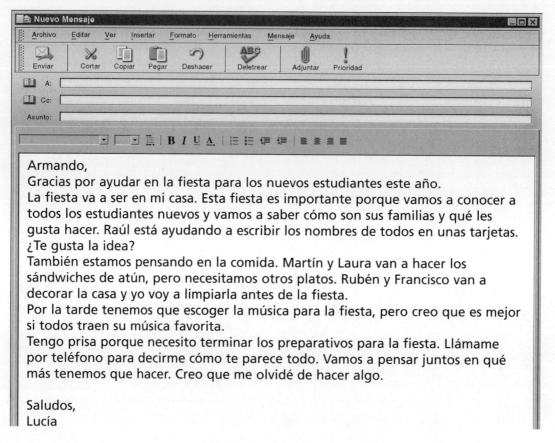

> **Nuevo Mensaje**
>
> Archivo   Editar   Ver   Insertar   Formato   Herramientas   Mensaje   Ayuda
>
> Enviar   Cortar   Copiar   Pegar   Deshacer   Deletrear   Adjuntar   Prioridad
>
> A: _____
> Cc: _____
> Asunto: _____
>
> Armando,
> Gracias por ayudar en la fiesta para los nuevos estudiantes este año.
> La fiesta va a ser en mi casa. Esta fiesta es importante porque vamos a conocer a todos los estudiantes nuevos y vamos a saber cómo son sus familias y qué les gusta hacer. Raúl está ayudando a escribir los nombres de todos en unas tarjetas. ¿Te gusta la idea?
> También estamos pensando en la comida. Martín y Laura van a hacer los sándwiches de atún, pero necesitamos otros platos. Rubén y Francisco van a decorar la casa y yo voy a limpiarla antes de la fiesta.
> Por la tarde tenemos que escoger la música para la fiesta, pero creo que es mejor si todos traen su música favorita.
> Tengo prisa porque necesito terminar los preparativos para la fiesta. Llámame por teléfono para decirme cómo te parece todo. Vamos a pensar juntos en qué más tenemos que hacer. Creo que me olvidé de hacer algo.
>
> Saludos,
> Lucía

1. ¿Para qué es la fiesta y dónde va a ser? **Answers will vary. Possible answers:**
   La fiesta es para los estudiantes nuevos.

2. ¿Qué comida van a servir en la fiesta? ¿Qué más les falta de comida?
   Van a servir sándwiches de atún. Les falta más platos.

3. ¿Qué música van a escuchar?
   Van a escuchar la música favorita de todo el mundo.

4. ¿Por qué quiere Lucía hablar con Armando?
   Porque quiere hablar de lo que todavía tienen que hacer.

5. En tu opinión, ¿cómo puede ayudar Armando a Lucía?
   Armando puedes preparar más comida para la fiesta.

8

Familiares y amigos

15 Es sábado y Maritza y sus padres tienen que hacer los preparativos para la fiesta de cumpleaños del abuelo. Escribe una conversación entre Maritza y sus padres sobre los preparativos. Incluye en la conversación quién va a comprar las cosas que la familia necesita y quién va a hacer los quehaceres o preparativos en casa.

_____

_____

_____

_____

_____

_____

_____

_____

_____

_____

16 José habla con Maritza por teléfono. Es sábado y él quiere hacer algo divertido. Maritza no puede hacer nada con José porque debe hacer los quehaceres normales y los preparativos para la fiesta. Completa la siguiente conversación con la parte de Maritza.

José Hola, Maritza. ¿Qué quieres hacer hoy?

Maritza _____

_____

José ¿Qué tienes que hacer antes de la fiesta?

Maritza _____

_____

José ¿Y qué más tienes que hacer?

Maritza _____

_____

José ¿Si te ayudo con los quehaceres y preparativos por la mañana, podemos ir al cine por la tarde?

Maritza _____

_____

INTEGRACIÓN

17 Lee lo que Elisa escribió en su diario sobre su hermano menor, Rodrigo.

Me preocupo por mi hermano menor, Rodrigo. A él, le gusta mucho ir al colegio, pero no saca notas buenas. Es inteligente y le encanta estar en las clases, sobre todo las de matemáticas y ciencias. Pero no le gusta hacer la tarea cuando llega a casa. Rodrigo es muy atlético y practica deportes cada día despues de las clases. Debe estudiar más. Para tener más tiempo para estudiar, yo creo que tiene que dejar de jugar a algunos deportes. También puedo ayudarle a organizar la tarea y estudiar para los exámenes. **Answers will vary. Possible answers:**

1. ¿Qué problema tiene Rodrigo?
   Rodrigo no saca buenas notas.

2. ¿Cuáles son las clases favoritas de Rodrigo?
   Las clases favoritas de Rodrigo son las de matemáticas y ciencias.

3. Según Elisa, ¿qué tiene que hacer Rodrigo para sacar buenas notas?
   Rodrigo tiene que estudiar más.

4. Elisa dice que puede ayudarle a Rodrigo. ¿Cómo?
   Elisa puede ayudarle a organizar la tarea y estudiar.

18 Escribe un párrafo sobre tu familia. Di cómo se llaman y cómo son. Luego, describe una celebración familiar importante y di cómo ayuda cada uno con los preparativos para la celebración. **Answers will vary.**

_____

_____

_____

_____

_____

_____

_____

_____

_____

_____

_____

En el vecindario

VOCABULARIO 1/GRAMÁTICA 1

1 En el vecindario hay personas que hacen cosas por nosotros. Escribe la letra de la foto al lado de la descripción.

a.

b.

c.

d.

e.

f.

g.

h.

i.

___b___ **1.** Les ayuda a las personas enfermas.

___d___ **2.** Juan y Lucía saben de leyes *(laws)*.

___h___ **3.** Ella sabe preparar comida. Trabaja en un restaurante.

___e___ **4.** Ramón conduce un autobús. Va a muchos lugares.

___f___ **5.** Él sabe apagar incendios.

___g___ **6.** Trabaja en un taller. Sabe arreglar carros.

___c___ **7.** Ella sabe construir casas y edificios.

___i___ **8.** Le da las cartas a las personas. También trabaja en una oficina.

___a___ **9.** Ella visita a las familias. Les hace preguntas y ve cómo viven para ayudarlas.

11

VOCABULARIO 1/GRAMÁTICA 1

2 Imagina que un periodista te hace estas preguntas. Sigue el modelo de la entrevista con Jorge y contesta sus preguntas. **Answers will vary.**

Preguntas	Respuestas de Jorge	Tus respuestas
¿Cuál es su nombre? ¿A qué se dedica?	Me llamo Jorge. Soy profesor.	
¿Sabe usar la computadora?	Sí.	
¿Qué más sabe hacer?	Sé arreglar mi carro.	
¿Conoce otros países?	Conozco Perú y Argentina.	
¿Conoce un restaurante de comida de otros países?	Sí, conozco un restaurante de comida peruana.	
¿Conoce a una persona que se dedica a ayudar a otros? ¿Qué trabajo realiza?	Sí, conozco a un profesor de matemáticas. Ayuda a los estudiantes.	

12

3 Julia es la nueva vecina y su amigo Roberto le presenta a Juan. Escribe una conversación entre ellos.

Roberto _____

_____

Julia _____

_____

Juan _____

_____

4 Raúl es de Estados Unidos y fue de viaje a Perú a recibir un premio *(award)* al mejor estudiante. Imagina que tú eres Raúl y completa la siguiente entrevista.

Periodista Hoy tenemos como invitado a Raúl Canseco. Mucho gusto, Raúl. Encantado de hablar contigo.

Raúl Answers will vary. _____

Periodista ¿De dónde eres Raúl y cómo es tu país?

Raúl _____

Periodista Sabemos que te van a dar un premio al mejor estudiante. ¿Quién te va a dar el premio?

Raúl _____

Periodista ¿Por qué eres el mejor estudiante? ¿Cómo es un buen estudiante?

Raúl _____

Periodista ¿A quién le pides ayuda cuando la necesitas?

Raúl _____

Periodista Finalmente, ¿qué consejo les puedes dar a estudiantes como tú?

Raúl _____

Periodista Gracias por darnos unos minutos de tu tiempo.

Raúl _____

13

En el vecindario

5 Recuerda las notas culturales y responde a las preguntas.

1. Llamas are important animals in Peru and in other Andean countries. What makes them essential to the people of this region? Which animals are used instead of llamas for those purposes in the United States?

   Answers will vary, but should include information from

   the Notas culturales.

   _____

   _____

   _____

   _____

2. Around the main square in Cuzco, there are various houses. Explain how they were built. Then, explain how they built the houses in your neighborhood.

   Answers will vary, but should include information from

   the Notas culturales.

   _____

   _____

   _____

   _____

6 Con base en la Geocultura, contesta **cierto** *(true)* o **falso** *(false)*. Corrige *(correct)* las oraciones falsas.

1. Cuzco es la ciudad más antigua del continente sudamericano.

   cierto

   _____

2. Cuzco fue la capital del Imperio Azteca.

   falso; Cuzco fue la capital del Imperio Inca.

   _____

3. Los Incas construyeron la ciudad de Cuzco en la forma de un perro.

   falso; La ciudad de Cuzco fue construída en forma de un puma.

   _____

4. Inti Raymi, o el Festival de la luna, es el Año Nuevo de los Incas.

   falso; Inti Raymi, o el Festival del Sol, es el Año Nuevo de los Incas.

   _____

5. Las papas son muy importantes en la cocina peruana.

   cierto

   _____

14

En el vecindario

7 Mira el dibujo de la casa de los Urbina. Completa la descripción de la casa con las palabras del cuadro.

estante	bañera	pisos	alfombra
plantas	cocina	habitaciones	cama
techo	sala	enfrente	fregadero

La casa de los Urbina tiene dos (1)_____**pisos**_____. La (2)_____**cocina**_____ y la

(3)_____**sala**_____ están en el primer piso. En la cocina hay una estufa y un

(4)_____**fregadero**_____. En la sala hay muchas (5)_____**plantas**_____ y un cuadro.

Hay una lámpara en el (6)_____**techo**_____ de la sala. Las (7)_____**habitaciones**_____

están en el segundo piso. La habitación de los señores Urbina es bastante

grande. El televisor está (8)_____**enfrente**_____ de la cama. Al lado de la

(9)_____**cama**_____ hay una mesita de noche. La habitación de Adriana Urbina

es pequeña pero bonita. Hay un escritorio y un (10)_____**estante**_____ con

muchos libros al lado de la ventana. En el piso hay una (11)_____**alfombra**_____ de

flores. El baño está entre el cuarto de Adriana y el de sus papás. Tiene una

(12)_____**bañera**_____ y una ducha.

VOCABULARIO 2/GRAMÁTICA 2

8 Pregunta a un compañero cómo es su casa o apartamento. Dibújala según la descripción y enséñale el dibujo. Pregúntale si el dibujo está correcto o no.

Puedes hacerle las siguientes preguntas.   **Answers will vary.**

1. ¿Vives en una casa o en un apartamento?

2. ¿Cuántos pisos tiene tu casa o apartamento?

3. ¿Cómo es la sala?

4. ¿Dónde está la cocina? Y la lavadora y la secadora, ¿dónde están?

5. ¿Dónde está el televisor?

6. ¿Cómo es tu habitación?

7. ¿Cómo es el baño?

8. ¿Dónde está la estufa?

9. ¿Hay plantas en la casa? ¿Dónde?

16

VOCABULARIO 2/GRAMÁTICA 2

9 Los señores Urbina están de viaje y la casa está muy sucia *(dirty)*. Adriana quiere arreglarla pero no sabe cómo empezar. Ayúdala. Escribe una solución para cada problema de la tabla. Usa una forma de las expresiones **deber que, tener que** o **hay que** en cada solución. **Answers will vary.**

Problema	Solución
1. Los platos están sucios.	Tiene que ponerlos en el lavaplatos.
2. La ropa está en el piso.	
3. Los muebles tienen polvo *(dust)*.	
4. Los animales tienen hambre.	
5. El baño está sucio.	
6. La alfombra está sucia.	
7. Hay mucha basura en la cocina.	
8. Las plantas necesitan agua.	
9. Hay papeles por toda la habitación.	
10. El piso de la cocina está sucio.	

10 Los padres de Adriana volvieron a casa. Están contentos, pero quieren algo más de ayuda con los quehaceres. Adriana está cansada y no quiere ayudar. Completa la conversación con lo que ya hizo Adriana y escribe sus quejas.

—Adriana, ¡qué limpio (1)_____está_____ todo! ¿Qué hiciste en la cocina?

—Todo, mamá. (2)_____Barrí_____ el piso y (3)_____saqué_____ la basura.

—¿Cuidaste las plantas y a los animales?

—Sí, (4)_____regué_____ las plantas y le di de comer a los animales.

—Tu cuarto está organizado y los muebles no tienen polvo.

—(5)_____Organicé_____ mi cuarto y (6)_____sacudí_____ los muebles.

—Gracias, hija, eres muy buena. Ahora haz el favor de sacudir los muebles de la sala.

—¡Ay mamá! (7)_____Answers will vary._____

—Luego, hay que regar las plantas otra vez.

—¡Ay, qué pesado! (8)_____Answers will vary._____

(17)

En el vecindario

11 ¿Sabes a qué te vas a dedicar? Lee el artículo. Luego hazte las preguntas del artículo. Escribe tus respuestas abajo.

> ### ¿Qué voy a ser?
> ———
> SI LE PREGUNTAS A UN NIÑO TE PUEDE DECIR: voy a ser bombero o voy a cuidar a los enfermos.
>
> Sin embargo cuando somos mayores, a veces no sabemos a qué dedicarnos. Aquí te podemos dar unos consejos que te pueden ayudar a encontrar una
>
> respuesta. Primero, hazte las siguientes preguntas.

a) ¿Qué te gusta hacer? ¿Cómo eres? ¿En qué actividades te gusta pasar tu tiempo?

b) ¿Qué te gusta leer? ¿Qué libros te gustan? Así puedes saber qué te parece más interesante.

c) ¿Qué necesitan otras personas? Piensa cómo puedes ayudar a otros.

d) ¿Conoces a una persona interesante? ¿Por qué es interesante? ¿A qué se dedica?

¿Qué me gusta hacer? **Answers will vary.**

_____

¿Cómo soy?

_____

¿Qué me gusta leer?

_____

¿Qué necesitan otras personas?

_____

Una persona interesante que conozco es...

_____

¿A qué se dedica esa persona?

_____

En el vecindario

12 Tu escuela organiza un viaje con cinco estudiantes de otros colegios de Latinoamérica. Van a quedarse en una casa todos juntos por una semana.

Escribe un párrafo para presentarte.
Incluye:

• cómo te llamas

• de dónde eres

• cuántos años tienes

• a qué te dedicas

• cuántos son en tu familia

• de dónde son tus padres

• a qué se dedican sus padres

> **Hola, soy...** _____
>
> _____
>
> _____
>
> _____
>
> _____

Ahora escribe un párrafo para presentar a uno de tus compañeros. Puedes inventar la información.

> **Mi compañero es...** _____
>
> _____
>
> _____
>
> _____
>
> _____

Describe cómo es tu casa, dónde están las habitaciones, el baño, la sala, la cocina y las otras partes de la casa.

> **Answers will vary.** _____
>
> _____
>
> _____
>
> _____
>
> _____

INTEGRACIÓN

13 Todos deben ayudar con los quehaceres de la casa. Haz una lista de los quehaceres y divide el trabajo entre cinco personas. Di cuando deben hacerlos.
Answers will vary.

Quehaceres	Cuándo	A quién le toca	Comentarios

14 Cuando vieron lo que les tocaba hacer, todos se quejaron. Escribe sus quejas en la
columna **Comentarios** *(Comments)*.

15 El primer día del viaje fuiste a entrevistar a las personas de la ciudad sobre sus
trabajos. Entrevistaste a las siguientes personas: un bombero, una mujer cartero,
un médico y una banquera internacional. Escribe las respuestas de cada uno a las
siguientes preguntas: ¿Cómo se llama? ¿Cuál es su oficio? ¿Qué sabe hacer?

1. **Answers will vary.** _____

   _____

2. _____

   _____

3. _____

   _____

4. _____

   _____

Pueblos y ciudades

1 Mira el mapa en las páginas 86–87 de tu libro de texto. Luego lee las descripciones y escribe el nombre de cada lugar en el mapa.

1. En este lugar se cuida a los enfermos. __la clínica__

2. Aquí puedes tomar un café o un refresco con tus amigos. __el café__

3. Aquí se presta dinero. __el banco__

4. Aquí se vende carne. __la carnicería__

5. Aquí se venden flores. __la floristería__

6. Aquí se venden pasteles y postres. __la pastelería__

7. Aquí tienen un pan muy bueno. __la panadería__

8. En esta tienda venden los helados más ricos del pueblo. __la heladería__

9. El pescado que se vende aquí es muy bueno. __la pescadería__

10. Aquí paseamos mis amigos y yo todos los domingos. __la plaza__

11. Está en el centro de la plaza y tiene agua. __la fuente__

12. Es un edificio importante para el pueblo. Está junto al banco. __el ayuntamiento__

13. En este lugar se corta el pelo. __la peluquería__

14. Se puede encontrar a la policía en este edificio. __la comisaría__

15. Los bomberos están aquí. __la estación de bomberos__

2 Imagina que un señor de otro pueblo está de visita en tu ciudad y necesita información. Contesta sus preguntas con oraciones completas. **Answers will vary.**
Possible answers:

1. ¿Hay una panadería cerca de aquí?
   Sí, está al lado del banco en la calle República.

2. ¿Se abre el banco a las nueve?
   No. Se abre a las ocho.

3. ¿Sabe dónde se puede hablar por teléfono?
   Hay una cabina telefónica en la estación de autobuses.

4. ¿Sabe si en el ayuntamiento se puede sacar la licencia de conducir?
   No estoy seguro. Pregúntale a alguien allí.

5. ¿Me podría decir dónde se puede comer bien?
   ¿Ha probado la comida en el Restaurante Real? ¡Es fantástica!

6. Disculpe, ¿sabe dónde se puede hacer ejercicio?
   Sí, hay un centro recreativo en la Avenida B.

VOCABULARIO 1/GRAMÁTICA 1

3 Usando un verbo del cuadro, escribe lo que hizo ayer cada persona en los siguientes lugares de la ciudad. **Answers will vary.**

buscar	jugar	conocer	sacar	comprar	tener

1. Mi madre y yo / la estación de tren _____.

2. Mario / el ayuntamiento _____.

3. Yo / la frutería _____.

4. Elisa y Ronaldo / el centro recreativo _____.

5. Tú / el banco _____.

4 Ana estuvo de vacaciones con unos amigos en el pueblo de su abuela. Ahora sus amigos quieren saber adónde fueron y qué hicieron Ana y los demás. Mira los dibujos y usa la información para ayudar a Ana a contestar las preguntas.

1. ¿Dónde empezó su viaje? **Answers will vary. Possible answers:**
   Nuestro viaje empezó en la estación del tren.

2. ¿Qué hicieron cuando llegaron al pueblo?
   Llegamos al pueblo y dimos una vuelta por la plaza.

3. ¿Qué hicieron en la plaza?
   En la plaza fuimos a ver la fuente.

4. ¿Qué diligencias hicieron en el pueblo?
   Fuimos a la floristería.

5. ¿Adónde fuiste después?
   Fui al banco y busqué a una amiga que trabaja allí.

6. Y Luis, ¿qué hizo él después?
   Comió en el parque.

22

VOCABULARIO 1/GRAMÁTICA 1

5 ¿Recuerdas la última vez que fuiste a un pueblo o a una ciudad nueva? Completa este cuadro con lo que hiciste allí. Usa tu imaginación y escribe oraciones completas.

Pueblo o ciudad que conocí	**Conocí la ciudad de Santo Domingo.** **Answers will vary.**
Qué tuve que hacer antes del viaje	
Lugares por donde anduve	
Cosas interesantes que vi o visité	
Regalos que compré	
Personas que conocí allí	

6 Tu familia va a hacer una fiesta este fin de semana y todo el mundo está ayudando a prepararla. Escribe un párrafo diciendo las diligencias para la fiesta que hizo ayer cada persona, di también a que lugares fueron para hacer esas diligencias.

_____

_____

_____

_____

_____

_____

_____

_____

_____

_____

_____

_____

_____

Pueblos y ciudades

7 Completa las frases siguientes y después busca las respuestas en la sopa de letras a continuación.

1. **Habichuelas con** _____dulce_____ is a typical dish from the Dominican Republic.

2. Santo Domingo is the _____capital_____ of the Dominican Republic.

3. The _____alcázar_____ was built by Christopher Columbus's son.

4. **Locrio dominicano** is very similar to Spanish _____paella_____.

5. **La Fortaleza** _____Ozama_____ is the oldest military fortress in the Americas.

```
F  E  Z  I  N  P  U  O  H
V  U  R  P  A  E  L  L  A
C  Y  N  M  L  R  G  S  I
A  Q  J  D  C  O  J  N  T
P  H  F  U  A  Z  Q  T  I
I  B  Y  L  Z  A  P  F  A
T  O  R  C  A  M  I  H  N
A  S  P  E  R  A  W  O  A
L  D  Q  U  I  N  C  E  N
```

8 Repasa la información de las notas culturales y contesta estas preguntas.

How did Santo Domingo become a city? How did your community become a town or city? Say one thing that your city and Santo Domingo have in common and one way that they are different.

Answers will vary.

_____

_____

How did both European and African culture influence the development of the merengue? What dances or other art forms in your community show influences of more than one culture?

Answers will vary.

_____

_____

Pueblos y ciudades

9 Mira el mapa. Te llamas Camila Arce y estás en casa. Tu primo está visitándote y no sabe adónde ir para hacer unas diligencias. Contesta sus preguntas, usando el mapa como guía.

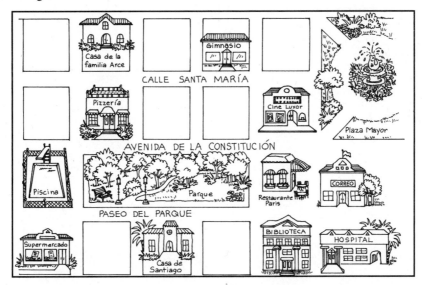

Answers will vary. Possible answers:

1. ¿Cómo puedo llegar al parque?

   Sal de la casa y sigue derecho dos cuadras hasta llegar al parque.

2. ¿Dónde está la biblioteca?

   La biblioteca esta al lado del hospital.

3. ¿Cómo puedo llegar a la piscina?

   Sal de la casa y sigue derecho dos cuadras. Está a la derecha.

4. ¿Dónde está el gimnasio?

   Sal de la casa, dobla a la izquierda y camina una cuadra. Está a la izquierda.

5. ¿Cómo puedo llegar a la Avenida de la Constitución?

   Sal de la casa y camina una cuadra.

6. ¿Dónde está la fuente?

   La fuente está en la Plaza Mayor.

10 El Sr. Ramírez quiere saber cómo llegar a estos lugares. Ayúdalo. Primero, escribe la pregunta usando las palabras "disculpe" o "perdón". Luego, escribe la respuesta con mandatos formales.

MODELO Quiere ir al acuario.
Pregunta: **Perdón, ¿cómo puedo llegar al acuario?**
Respuesta: (cruzar avenida / cuatro cuadras). **Cruce la avenida y camine cuatro cuadras.** **Answers will vary. Possible answers:**

1. Quiere saber si ésta es la avenida para ir a la catedral.
   Pregunta: **¿Voy bien para ir a la catedral?**

   Respuesta: (No / doblar derecha en la esquina / caminar dos cuadras)
   No, doble a la derecha en la esquina y camine dos cuadras.

2. Quiere saber adónde ir para mandar un correo electrónico.
   Pregunta: **¿Dónde se puede mandar un correo electrónico?**

   Respuesta: (café Internet / quinto piso de ese edificio)
   Hay un café Internet en el quinto piso de ese edificio.

3. Quiere saber dónde está la fábrica de chocolates.
   Pregunta: **Perdón, ¿dónde está la fábrica de chocolates?**

   Respuesta: (doblar / izquierda / segundo semáforo)
   Doble a la izquierda en el segundo semáforo.

4. Quiere saber cómo llegar a la parada del metro.
   Pregunta: **¿Cómo llego a la parada del metro?**

   Respuesta: (seguir derecho / el cruce de la avenida 5 con la calle 6)
   Siga derecho hasta el cruce de la avenida 5 con la calle 6.

5. Quiere llegar al supermercado más cercano.
   Pregunta: **¿Cómo debo ir para llegar al supermercado más cercano?**

   Respuesta: (cruzar la zona verde / bajar una calle)
   Cruce la zona verde y baje una calle.

11 Raúl y Adela están contando sus problemas a su mamá. Escribe qué les dice ella en cada situación.

MODELO Siempre llegamos tarde a casa. **Lleguen temprano**

1. No tenemos muchos libros en nuestros cuartos. __**Compren libros.**__

2. Queremos ver una película esta tarde. __**Alquilen un video.**__

3. No sacamos buenas notas en la escuela. __**Estudien más.**__

4. Hay basura en nuestros cuartos. __**Saquen la basura.**__

5. Tenemos mucha sed. __**Beban algo frío.**__

12 Tus sobrinos van a pasar el fin de semana contigo. Diles lo que no deben hacer. Usa mandatos formales.

1. Quieren ir al parque. __**No vayan al parque.**__

2. Quieren llegar tarde a casa. __**No lleguen tarde a casa.**__

3. Quieren salir por la ciudad. __**No salgan solos.**__

4. Quieren poner la televisión en el patio. __**No pongan la televisión en el patio.**__

5. Quieren comprarse chocolates. __**No se compren chocolates.**__

6. Quieren organizar tu cuarto. __**No organicen mi cuarto.**__

13 Tus sobrinos fueron muy buenos todo el fin de semana. Por eso, quieres felicitarlos y darles una sorpresa. Escribe mandatos formales positivos diciéndoles cuatro cosas divertidas que pueden hacer.

1. __**Answers will vary.**__

2. _____

3. _____

4. _____

(27)

Pueblos y ciudades

14 Lee el cuento "Un viaje especial" y contesta las preguntas a continuación.

> **Un viaje especial**
>
> Quiero hablarles de mi visita a un pueblo divertido. En ese pueblo conocí a personas muy interesantes. También anduve por lugares maravillosos allí. Cuando llegué, di una vuelta por el centro y visité la catedral y la plaza con su fuente. Después tuve hambre y busqué un restaurante que es muy famoso, pero no lo encontré. Entonces, vi a una muchacha muy bonita y le pregunté:
> —Disculpe, ¿sabe dónde está el restaurante "Mi Pueblito"?
> —Sí claro, me dijo ella. —Siga derecho dos cuadras. Está en el cruce de la calle Alameda con la plaza. Voy con usted. Mi mamá es la cocinera allí.
> Anduvimos juntos hasta el restaurante. Cuando llegamos, le pregunté:
> —¿Me podría decir qué debo pedir?
> —Coma enchiladas, son las mejores del mundo.
> —¿Puede usted almorzar conmigo?
> —No, gracias. Tengo que hacer unas diligencias.
> Entonces, ella me dio la mano y se despidió. Almorcé y después fui a ver más lugares del pueblo. Me quedé tres días más. Busqué y busqué a aquella muchacha bonita pero nunca más la vi. ¡Qué lástima! Tuve que regresar a casa sin saber su nombre.

1. ¿Cómo es el pueblo que visitó el autor del cuento?
   Answers will vary.

2. ¿Qué lugares visitó?
   Visitó la plaza, el monumento, la catedral y la fuente.

3. ¿Dónde está el restaurante "Mi Pueblito"?
   Está en el cruce de la calle Alameda con la plaza.

4. ¿Por qué no comió la muchacha con el autor?
   Tuvo que hacer unas diligencias.

5. ¿Por qué crees que el autor buscó a la muchacha después?
   Answers will vary.

   (28)

Pueblos y ciudades

15 Escribe un párrafo para describir cómo es el pueblo o la ciudad donde vives.

   1. ¿Cómo es el lugar donde vives? ¿Es una ciudad o un pueblo?

   2. ¿Cuáles son los edificios más importantes?

   3. ¿Adónde se puede ir los fines de semana?

   4. ¿Qué lugares interesantes se pueden visitar?

   5. ¿Hay monumentos? ¿Cuáles te gustan más?

   6. ¿Hay una plaza? ¿Cómo es?

   7. ¿Adónde se puede salir a comer? ¿Cómo es tu restaurante favorito allí?

   8. ¿Qué celebraciones hay?

   9. ¿Hay un centro recreativo? ¿Se practican deportes allí?

  10. ¿Cómo son las tiendas?

_____

_____

_____

_____

_____

_____

_____

_____

_____

_____

_____

_____

_____

_____

_____

_____

_____

_____

  29

INTEGRACIÓN

16 Ahora escribe un párrafo para describir cómo es tu pueblo o ciudad **ideal.**
¿Es igual al pueblo o ciudad donde vives? ¿Cuáles son las diferencias?

_____

_____

_____

_____

_____

_____

_____

_____

_____

_____

17 Imagina que unos amigos te visitan, pero no puedes salir a pasear con ellos.
Escríbeles una nota para decirles adónde ir para ver cosas interesantes y cómo
llegar a cada lugar. También diles qué se puede hacer en cada lugar.

_____

_____

_____

_____

_____

_____

_____

_____

_____

_____

_____

_____

¡Mantente en forma!

1 Busca los nombres de ocho competencias de la escuela de Luisa en la sopa de letras.

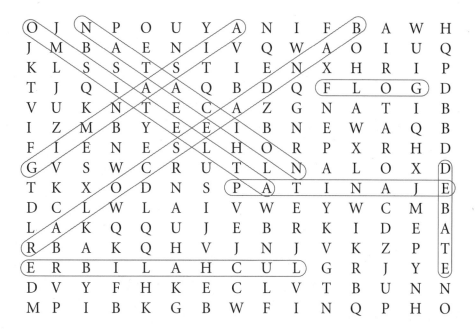

2 Pronto van a comenzar las competencias deportivas en la escuela de Laura. Di qué hicieron los estudiantes antes de las competencias. Completa las oraciones con un verbo apropiado del cuadro. No te olvides de usar la forma correcta de cada verbo.

| decir dormirse morirse preferir vestirse divertirse dar ponerse |

1. Mis amigos __se vistieron__ de uniforme.

2. En la fiesta antes de la competencia, los estudiantes __se pusieron__ a gritar.

3. Laura __se murió__ de la risa cuando Ricardo contó chistes.

4. Mi equipo __se durmió__ temprano. No fue a la fiesta.

5. El entrenador __dijo__ que los jugadores deben descansar.

6. Carlos y yo __nos divertimos__ pero __preferimos__ regresar temprano.

VOCABULARIO 1/GRAMÁTICA 1

3 Imagina que eres reportero(a) y que hiciste las siguientes preguntas sobre las competencias. Escribe las respuestas de las personas, según la información de los titulares siguientes. **Answers will vary. Possible answers:**

La competencia de debate fue todo un éxito.

Nuestro equipo no empató, ganó.

Lloraron "Los Azules", perdieron por 3 a 0 en la competencia de natación.

Las animadoras de "Los Rojos" gritaron durante toda la competencia.

El entrenador de "Los Rojos" se puso muy contento.

1. (A un estudiante del colegio) ¿Cómo salió la competencia de debate?
   ¡Fue todo un éxito!

2. (A un estudiante de nuestro equipo) ¿Cómo te sentiste cuando ganó la competencia?
   Me puse muy contento.

3. (A un jugador de "Los Azules") ¿Cómo les fue en natación?
   Nos fue muy mal. Perdimos por 3 a 0.

4. (A un jugador del equipo "Los Rojos") ¿Cómo reaccionaste cuando tu equipo ganó?
   Me puse a gritar.

5. (Al entrenador de "Los Rojos") ¿Cómo se sintió cuando su equipo ganó la competencia?
   Me dieron ganas de llorar.

4 Piensa en cuatro diferentes competencias o eventos deportivos que tuvieron lugar en el pasado. Imagina que tú participaste en cada uno de ellos. Piensa en lo que pasó y cómo to sentiste después de tu participación. Hazte las siguientes preguntas y escribe tus respuestas en la tabla.

¿En qué competencia o partido estuviste?	¿Dónde fue?	¿Cómo estuvo la competencia?	¿Ganaste o perdiste?	¿Fue fácil o difícil? ¿Por qué?
en el partido de fútbol	en Miami	El partido estuvo buenísimo.	Gané.	Fue difícil porque hizo mucho calor.
Answers will vary.				

¡Mantente en forma!

5 Elige la palabra o frase que mejor completa cada oración.

_____ **1.** The _____ Festival, the most famous Hispanic festival in the United
States, is celebrated every year in Miami.
a. Calle Octavo **b.** Calle Ocho **c.** Calle Oro

_____ **2. Parque Máximo Gómez** in Little Havana is also known as **"El Parque
del _____."**
a. Béisbol **b.** Dominó **c.** Jai alai

_____ **3.** Jai alai came to Miami from _____.
a. Cuba **b.** Portugal **c.** Chile

_____ **4.** The historic _____ district of Miami is known for its colorful buildings
and unique architecture.
a. art deco **b.** gothic **c.** romantic

_____ **5.** The Goombay Festival in Miami celebrates the cultures of Latin
America and _____.
a. Spain **b.** the Caribbean **c.** Florida.

6 Repasa la información de las notas culturales y contesta estas preguntas.

1. Describe one of the many festivals that is celebrated every year in Miami.
What activities are offered at the festival? What type of food is eaten there?
Answers will vary. Possible answer: Every year in Miami, the Cuba

Nostalgia Festival is held to celebrate the city's Cuban heritage. It

features art, exhibits, music, and food like black beans and rice.

_____

_____

2. The Latin American Art Museum in Miami promotes both Latin American
and Spanish artists. Write about the activities and exhibits that it organizes
and compares those to the ones offered by museums in your town or city.
Answers will vary. _____

_____

_____

_____

_____

_____

Holt Spanish 2

Cuaderno de actividades

¡Mantente en forma!

7 Escribe los nombres de las partes del cuerpo en el dibujo de abajo.

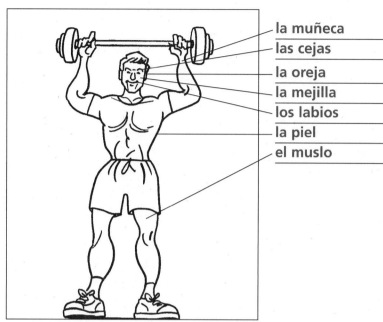

la muñeca _____

las cejas _____

la oreja _____

la mejilla _____

los labios _____

la piel _____

el muslo _____

8 Escribe los nombres de las partes del cuerpo de este dibujo.

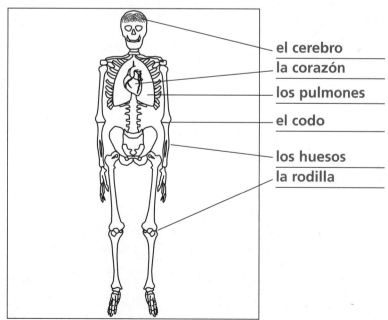

el cerebro _____

la corazón _____

los pulmones _____

el codo _____

los huesos _____

la rodilla _____

9 Mira los dibujos. Escribe qué les pasó a estas personas. Luego escribe un consejo para cada una. **Answers will vary. Possible answers:**

MODELO

Mario ___**se cayó y se dio un golpe en la cabeza.**___

Consejo: ___**Ponte hielo.**___

1. Roberta ___**se rompió el brazo durante el partido de**___
___**básquetbol.**___

Consejo: ___**Vete al médico.**___

2. Fernando ___**se quemó la cara con el sol.**___

Consejo: ___**Ponte ungüento.**___

3. Yo ___**tengo tos y me duele la garganta.**___

Consejo: ___**Tómate el jarabe.**___

4. Carla ___**se torció el tobillo.**___

Consejo: ___**Véndate el tobillo y ponte hielo.**___

5. Josefina ___**está resfriada.**___

Consejo: ___**Descansa un poco.**___

36

10 Mario y Luisa no pueden participar en la competencia. Mira el dibujo y escribe una conversación entre los jóvenes y su entrenador. Usa las preguntas **¿Qué te pasó?** y **¿Qué tienes?**

Answers will vary. Possible answer:

El entrenador	¿Quieren hablar conmigo?
Mario/Luisa	Sí. No podemos jugar en la competencia.
El entrenador	¿No? Mario, ¿qué te pasó?
Mario/Luisa	Me torcí el codo y me duele mucho.
El entrenador	Bueno... ¿Y Luisa? ¿Qué tienes?
Mario/Luisa	Tengo la rodilla hinchada.

11 Los estudiantes se reunieron después de una competencia de atletismo donde muchos de ellos tuvieron problemas. Lee lo que les pasó a tus compañeros y diles qué pueden hacer. **Answers will vary. Possible answers:**

MODELO Yo me caí en la salida y me lastimé la pierna.
    Ponte hielo y descansa un poco.

1. Nosotros nos torcimos el tobillo.
   Véndense el tobillo.

2. A Lourdes y a Sara les dio un calambre en la pantorrilla.
   Estírense antes de hacer ejercicio.

3. Roberto se quemó la cara con el sol.
   Ponte ungüento.

4. Ana y Rosa tuvieron mucha tos y ahora les duele la garganta.
   Tómense el jarabe.

5. ¿Y qué le pasó a Julio? ¿Qué va a hacer para estar mejor?
   Quédate en cama y descansa.

¡Mantente en forma!

12 Lee lo que cuenta Marta sobre su competencia y responde a las preguntas con oraciones completas.   **Answers will vary. Possible answers:**

La competencia más difícil

Soy Marta y tengo 12 años. Soy una estudiante de Miami. A mí me gusta mucho montar a caballo. Por eso, la semana pasada fui a una competencia de equitación con mi caballo "Valiente".

Fui a todos los entrenamientos y escuché todos los consejos de mi entrenador. Él me dio consejos y dijo: «Marta, tú y Valiente tienen que descansar antes de la competencia.» El día antes de la competencia, monté a Valiente toda la mañana y toda la tarde. No sé por qué no escuché a mi entrenador. La competencia fue todo un fracaso.

El día de la competencia, me puse muy nerviosa. Cuando la comenzamos, Valiente no corrió mucho porque se cansó muy pronto. Yo me puse furiosa y grité: «¡Vamos, Valiente!». Valiente reaccionó muy bien, pero unos minutos después me caí del caballo y me di un golpe. Me dolió mucho y me puse a llorar. Ahora tengo el tobillo torcido y el brazo roto.

1. ¿Qué deporte le gusta practicar a Marta?
   A Marta le gusta practicar la equitación.

2. ¿Cómo se sintió Marta antes de la competencia?
   Marta se puso muy nerviosa antes de la competencia.

3. ¿Por qué no corrió mucho Valiente cuando comenzó la competencia?
   No corrió mucho porque se cansó muy pronto.

4. ¿Qué le pasó a Marta durante la competencia?
   Se cayó del caballo. Se torció el tobillo y se rompió el brazo.

5. En tu opinión, ¿cómo estuvo la competencia?
   Answers will vary.

38

¡Mantente en forma!

13 ¿Te gustan los deportes? ¿Qué competencias hay en tu colegio? ¿Participas en alguna? Completa esta sección con información sobre ti.

Mis deportes o actividades favoritas son...
Answers will vary. _____

En mi colegio tenemos competencias de...

_____

La competencia más fácil de este año fue...

_____

La competencia más difícil de este año fue...

_____

porque _____

14 Hoy hay una competencia en tu colegio, pero hay problemas. Los estudiantes están nerviosos. Lee lo que dicen y escribe una respuesta para cada uno, indicando si pueden jugar o no, según el modelo. Usa el participio pasado en tus respuestas. **Answers will vary. Possible answers:**

MODELO Me caí de las escaleras. No sé qué me pasa en el brazo.
   No puedes jugar en la competencia porque tienes el brazo roto.

1. Fui a la playa y me quemé con el sol.
   Tienes la cara quemada, pero puedes jugar.

2. Anduve mucho ayer y ahora me duele el pie.
   No puedes jugar porque tienes el pie hinchado.

3. Me corté el codo ayer y no me lo lavé.
   Tienes el codo infectado pero puedes jugar en la competencia.

4. Nos dimos un golpe en el codo ayer y ahora nos duele mucho.
   Tienen el codo herido y no pueden jugar.

5. Ellos se cayeron de un árbol y torcieron el tobillo.
   No pueden jugar en la competencia porque tienen el tobillo torcido.

INTEGRACIÓN

15 Recuerda o inventa una competencia donde ocurrió alguna cosa que te dió ganas de llorar y una competencia donde ocurrió algo que te dió ganas de reírte.

Para cada una escribe dónde fue, quién estuvo en la competencia, qué pasó, y quién ganó o perdió. Puedes incluir detalles sobre los estudiantes que estuvieron allí, o sobre lo que te sentiste cuando ganó o perdió tu equipo.

En esta competencia me dieron ganas de llorar. Esto es lo que ocurrió...
Answers will vary.

_____

_____

_____

_____

_____

_____

_____

_____

_____

_____

En esta competencia me dieron ganas de reír. Esto es lo que ocurrió...
Answers will vary.

_____

_____

_____

_____

_____

_____

_____

_____

_____

_____

Día a día

1 Marca con una X lo que haces todos los días antes de irte al colegio.

_____ **1.** Me ducho. **Answers will vary.**

_____ **2.** Me pinto las uñas.

_____ **3.** Me pongo crema.

_____ **4.** Me pongo lápiz labial.

_____ **5.** Agarro el paraguas y el impermeable.

_____ **6.** Me lavo los dientes.

_____ **7.** Me cepillo el pelo.

_____ **8.** Le doy de comer al perro/al gato.

_____ **9.** Recojo los útiles escolares.

_____ **10.** Corro tres millas.

_____ **11.** Agarro el teléfono celular.

_____ **12.** Me pongo los lentes de contacto.

_____ **13.** Cierro la puerta con llave.

_____ **14.** Apago las luces.

_____ **15.** Agarro la mochila.

2 Ahora escribe un párrafo que describe lo que haces por las mañanas, poniendo en orden cinco de las oraciones de arriba. Añade la hora a la que haces cada cosa y cuánto tiempo necesitas para hacerla.

_____

_____

_____

_____

_____

_____

_____

_____

3 Los primos de Emilio fueron a pasar un fin de semana a su casa. Escribe qué trajeron con ellos y qué pudieron hacer. **Answers will vary. Possible answers:**

MODELO
Enrique trajo su **impermeable**. Él **pudo dar un paseo**.

1. Lorena y Roberto **trajeron el teléfono celular**.
Ellos **pudieron llamarme**.

2. Tú **trajiste un libro**.
Tú **pudiste leer por la tarde**.

3. Lorena **trajo dinero**.
Ella **pudo ir de compras**.

4. Roberto **trajo la guitarra**.
Él **pudo tocarla para toda la familia**.

5. Lorena y Rosa **trajeron las bicicletas**.
Ellas **pudieron andar en bicicleta al mercado**.

6. Rosa **trajo el lápiz labial**.
Ella **pudo maquillarse por la mañana**.

4 Tu mamá quiere saber si hiciste todo lo que te dijo. Sigue el modelo y escribe las preguntas. Después, escribe tus respuestas. Usa la imaginación y las pistas *(clues)*.

MODELO Cepillarse el pelo.   **Answers will vary. Possible answers:**

Pregunta: ¿Te cepillaste el pelo esta mañana?

Respuesta: No, no me lo cepillé. o Sí, me lo cepillé hace una hora.

1. arreglarse para ir al colegio

    Pregunta: ¿Ya te arreglaste para ir al colegio?

    Respuesta: Estoy arreglándome ahora, mamá.

2. ducharse

    Pregunta: ¿Te duchaste antes del desayuno?

    Respuesta: Sí, mamá. Me duché a las siete.

3. maquillarse

    Pregunta: ¿Te maquillaste después de ducharte?

    Respuesta: No, no me maquillé.

4. pintarse las uñas

    Pregunta: ¿Te pintaste las uñas anoche?

    Respuesta: Sí, me las pinté antes de acostarme.

5. olvidarse de recoger sus útiles escolares

    Pregunta: ¿Te olvidaste de recoger sus útiles escolares?

    Respuesta: No, mamá. No me olvidé de recogerlos.

5 Beto y Carlos organizan su cuarto. Completa la conversación con los pronombres posesivos apropiados.

Carlos: Beto, tenemos que recoger (1)____nuestro____ cuarto.

Beto: ¿Es (2)____tuya____ esta pelota? ¿Y éste teléfono celular, es

(3)____tuyo____?

Carlos: No, la pelota no es la (4)____mía____ pero ese teléfono celular sí.

¿Son (5)____tuyos____ el paraguas y el impermeable?

Beto: Sí son (6)____míos____. ¿Y estos libros son de nosotros?

Carlos: Sí, son (7)____nuestros____.

Día a día

6 Recuerda la información que leíste en las Notas culturales y responde a las preguntas a continuación. **Answers will vary.**

1. Why do you think the Monteverde rain forest is called "a museum of plants and animals"?

   _____

   _____

2. Where is the city of San José located?

   _____

   _____

3. Costa Rica's population is very diverse. Explain how different groups of people came to live in Costa Rica.

   _____

   _____

4. What is one of the symbols of Costa Rica? What is one of the symbols of the United States?

   _____

   _____

5. In Costa Rica, classical music is a cultural favorite. Where could someone go to enjoy this type of music?

   _____

   _____

7 Lee las oraciones y escribe **a** si son **ciertas** o **b** si son **falsas.**

___a___ 6. **El Parque La Sabana** has many places to play sports and do outdoor activities.

___b___ 7. Flowers, spices, fruit, and vegetables can be bought in **el Jardín de Mariposas Spyrogyra.**

___a___ 8. **El Edificio Metálico** was built in Belgium in 1890 and today houses a school.

___a___ 9. San José was one of the first cities to have public telephones.

___b___ 10. In el **Parque Nacional,** there is a statue that commemorates a battle won by William Walker.

(44)

Día a día

8 Contesta las preguntas con oraciones completas y las expresiones negativas.

MODELO ¿Cuántas estampillas de Costa Rica tienes? **<u>No tengo ninguna.</u>**

1. ¿A quién le gusta trotar? **Answers will vary. Possible answers:**
   A nadie le gusta trotar.

2. ¿Cuándo vas a la playa?
   No voy a la playa nunca.

3. ¿Qué quieren hacer tú y tu hermano esta tarde?
   No queremos hacer nada esta tarde.

4. ¿Compraste algunos libros de misterio?
   No compré ninguno.

9 ¿Sabes qué le interesa a tu familia? Rellena la tabla con información sobre los pasatiempos de tu familia. Piensa en una persona a quien le gusta cada una de las actividades. **Answers will vary.**

¿Qué hace en sus ratos libres?	Nombre	¿Cuánto tiempo hace qué... ?	¿Le interesa aprender a hacer algo nuevo?
Crear CDs			
Diseñar páginas Web			
Coleccionar monedas			
Participar en una obra de teatro			
Escribir poemas			
Hacer crucigramas			
Cuidar a una mascota			
Tejer			

10 Contesta estas preguntas. **Answers will vary.**

1. En general, ¿qué hacen tus amigos en sus ratos libres?

_____

2. ¿En qué actividades les gusta más participar?

_____

3. ¿Les interesa aprender algo nuevo? ¿Por qué?

_____

4. ¿Tienes amigos que hacen cosas muy diferentes en su tiempo libre? ¿Qué hacen?

_____

11 Mira el esquema cronológico *(time line)* de las actividades de tu amiga Daniela y su familia. Escribe cuánto tiempo hace que participan en cada actividad. Presta atención al sujeto y calcula *(calculate)* el tiempo aproximado desde la fecha de hoy. **Answers will vary. Possible answers:**

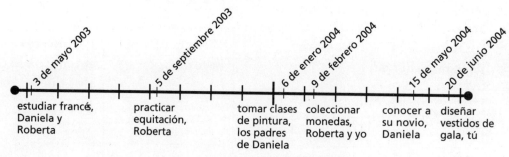

MODELO __Hace dos años que Daniela estudia piano.__

1. Hace _____ años que Daniela y Roberta estudian francés.

2. Hace _____ años que Roberta practica equitación.

3. Hace _____ años que los padres de Daniela toman clases de pintura.

4. Hace _____ años que Roberta y yo coleccionamos monedas.

5. Hace _____ años que Daniela conoce a su novio.

6. Hace _____ años que tú diseñas vestidos de gala.

VOCABULARIO 2/GRAMÁTICA 2

12 A estos jóvenes les gusta hacer algunas cosas pero no les gusta hacer otras. Mira el dibujo y completa lo que dicen. Usa **pero** o **sino** según el contexto.

Answers will vary.

MODELO Nos gusta lavar el carro,
pero no nos gusta secarlo.

1. A Roberto le gusta tocar el piano,

_____.

2. A mí no me interesa aprender a tocar el violín,

_____.

3. A María le gusta trotar,

_____.

4. A los amigos les encanta conversar,

_____.

5. A Araceli no le gusta la salsa,

_____.

Día a día

¿Qué hago?

Esta mañana traje mi cuaderno al jardín y empecé a escribir. Pude ir a divertirme con mis amigas, pero me llama más la atención escribir.

Quiero hacer de todo en mis ratos libres. Por eso siempre tengo prisa. Practico deportes y también me interesa hacer diseños por computadora. Me encanta escribir poemas y cuentos. Tengo mucha imaginación, y se me olvidan las cosas muchas veces. Por eso tengo problemas con mi mamá. Mi mamá dice que nunca me acuerdo de cerrar la puerta con llave y ¡ella me lo repite todos los días dos o tres veces!

A veces no quiero hacer nada. Puedo estar aburrida, cansada y con muchas ganas de descansar, pero cuando estoy con mis amigos me gusta conversar y hacer cosas interesantes. ¡Qué contraste! Bueno, hace veinte minutos que escribo. Ya no puedo escribir más. Necesito arreglarme para la fiesta de Sergio esta noche. La última vez me olvidé por completo de ir a su fiesta, y por eso tengo que llegar a tiempo hoy. Voy a ducharme, a ponerme la crema y el lápiz labial y a decidir qué vestido me pongo. ¡No quiero tardarme en prepararme!

---

13 Lee el cuento y después contesta las preguntas.

1. ¿Qué le interesa a la autora? **Answers will vary.**

_____

2. ¿Qué cosas le gusta escribir?

_____

3. ¿Por qué crees que la autora tiene problemas con su mamá?

_____

4. La autora dice que a veces no quiere hacer nada. ¿Te sientes igual que ella algunas veces? ¿Cuándo?

_____

5. ¿Por qué la autora no pudo escribir más hoy? ¿Qué tuvo que hacer?

_____

6. ¿Qué crees que prefiere la autora—crear un álbum o trabajar en mecánica? ¿Por qué?

_____

48

Día a día

14 Prepara un álbum de fotos para una familia imaginaria. Puede ser una familia de un libro que has leído o de un programa de televisión. Escribe una leyenda *(caption)* para cada foto e incluye algo interesante sobre cada persona. Puedes decir qué le interesa o qué le fastidia. Puedes usar fotos de revistas o dibujos.

La familia

INTEGRACIÓN

15 Imagina que eres reportero(a) para el periódico de tu comunidad. Vas a hacer un reportaje sobre tu familia. Sigue los pasos a continuación.

Escoge un título para tu reportaje: _____

Presenta a tu familia, indica cuántas personas son, quiénes son, cuántos años tiene cada persona e incluye una breve descripción física de cada persona.

En mi familia _____ somos _____

Mis padres son _____

_____

_____

Se dedican _____

Los(as) hijos(as) son _____

_____

_____

_____

Ahora explica qué actividades hace tu familia durante sus ratos libres.

¿Qué hacen los padres? ¿Y los hijos? ¿Cómo se mantienen en forma?

_____

_____

_____

_____

_____

La persona más interesante de mi familia es _____

_____

A _____ le fascina _____

_____

pero le molesta _____

A mis familiares no les molesta _____

sino _____

Recuerdos

VOCABULARIO 1/GRAMÁTICA 1

1 Completa la escalera *(ladder)*. Escribe qué te gustaba hacer o qué hacías cuando tenías tres, cinco, siete, nueve y once años. **Answers will vary.**

11 años

9 años

7 años

5 años

3 años

MODELO Jugaba con bloques. Me fascinaba columpiarme.

_____

_____

_____

_____

_____

_____

_____

_____

2 Completa el crucigrama (crossword puzzle) usando las pistas (clues) de abajo.

```
                              ¹C
         ²M  O  L  E  S  T  A  R
                              R            ³T
                              R     ⁴C     R
                           ⁵P  E  L  U  C  H  E
                              R     E      P
                              A     R      A
         ⁶D  A  M  A  S          D      R
                                    A
```

Across

2. fastidiar = __

5. los animales de __

6. jugar a las __

Down

1. echar __

3. __ a los árboles

4. saltar a la __

VOCABULARIO 1/GRAMÁTICA 1

3 Mira los dibujos y escribe lo que hacían estas personas a cada edad.
Answers will vary. Possible answers:

María

MODELO Cuando María tenía 9 años molestaba mucho a su hermano.

Elena

1. <u>Cuando Elena tenía once años, coleccionaba láminas.</u>

yo

2. <u>Cuando tenía cinco años, me columpiaba mucho.</u>

mis primos

3. <u>Cuando mis primos tenían diez años, a ellos les gustaba echar carreras.</u>

tú

4. <u>Cuando tú tenías tres años, jugabas con muñecas.</u>

Ana y Tomás

5. <u>Cuando Ana y Tomás tenían catorce años, jugaban al ajedrez.</u>

VOCABULARIO 1/GRAMÁTICA 1

4 Imagina que tienes ochenta años y tu nieto te hace estas preguntas sobre ti y tus amigos cuando eran pequeños. Responde usando palabras del cuadro.

nunca	**casi siempre**	**muchas veces**	**todos los fines de semana**
todas las tardes	**algunos días**	**casi nunca**	**por las mañanas**

Answers will vary.

1. Abuelo(a), ¿a qué colegio ibas de pequeño(a)?

_____

2. ¿Y a qué jugaban tú y tus amigos? ¿Les gustaba jugar con bloques también?

_____

3. Abuelo(a), a mí me molesta siempre mi hermana. ¿A ti te molestaban tus hermanos?

_____

4. ¿Y qué películas veían cuando iban al cine tú y tus amigos?

_____

5. ¿Leían muchos libros o pasaban el tiempo jugando?

_____

5 Contesta las preguntas sobre cómo eran tú y tus amigos cuando eran pequeños.

1. ¿Cuál era tu dibujo animado favorito?   **Answers will vary.**

_____

2. ¿Jugaban tú y tus amigos a las damas? ¿Quién ganaba más frecuentemente?

_____

3. ¿Se prestaban juguetes tú y tus amigos?

_____

4. ¿Se hacían travesuras tú y tus amigos?

_____

5. ¿Iban mucho al parque?

_____

Recuerdos

6 Lee las frases siguientes y escribe **a** si son ciertas o **b** si son falsas según lo que leíste de Segovia.

___b___ **1.** The Cathedral of Segovia was built where the Rivers Eresma and Clamores meet.

___b___ **2.** **El Alcázar de Segovia** is also known as **La Dama.**

___a___ **3.** **El Acueducto de Segovia** is built entirely of granite stones.

___b___ **4.** **La Iglesia de Vera Cruz** was built in the Gothic style of architecture.

___a___ **5.** **La Casa de la Moneda** is where Spanish money was made for nearly three hundred years.

7 Usa la información que aprendiste en las Notas culturales para contestar estas preguntas. **Answers will vary.**

1. ¿Por qué crees que el Alcázar de Segovia era tan popular en aquel entonces?

_____

_____

2. Piensa en lo que leíste sobre los cafés de Segovia y los turistas. ¿Hay cafés o lugares de interés en tu ciudad como los de Segovia? ¿Qué diferencias hay entre los de Segovia y los de tu ciudad?

_____

_____

_____

3. ¿Para qué se construyó el acueducto romano de Segovia? ¿Quieres visitarlo? ¿Por qué sí o por qué no? Explica tu respuesta.

_____

_____

_____

_____

(54)

8 Una amiga de tu mamá dice que de pequeña, tu mamá era exactamente opuesta (*opposite*) a ella. Si a su amiga le gustaba algo, a tu mamá le fastidiaba, si su amiga se reía, tu mamá lloraba, etc. Aquí tienes la descripción de la amiga. Usa la información para escribir una lista de las características de tu mamá de pequeña. **Answers will vary. Possible answers:**

La amiga	Tu mamá
1. Era muy conversadora y chismosa.	1. **Era muy callada.**
2. Siempre hacía travesuras.	2. **Era muy obediente.**
3. Muchas veces contaba chistes.	3. **Casi nunca contaba chistes.**
4. Era muy juguetona y se reía mucho.	4. **Normalmente era seria.**
5. Sus amigos eran muy aventureros.	5. **Sus amigos no eran muy aventureros.**
6. Era una niña muy egoísta.	6. **Era una niña muy bondadosa.**

9 La familia de Ricardo está muy ocupada. Este mes tienen muchas celebraciones pero también algunas cosas tristes. Busca en la sopa de letras 5 palabras que dicen lo que pasa en la familia de Ricardo.

```
B  A  U  T  I  Z  O  X  L  E  L  L
C  U  P  E  L  U  C  H  M  N  O  A
A  Ñ  H  E  M  R  A  N  D  F  E  R
S  E  J  U  G  A  M  E  T  E  R  I
I  C  U  E  R  D  A  M  A  R  D  C
T  A  N  P  O  T  A  S  E  M  R  A
A  N  A  C  I  M  I  E  N  T  O  B
C  O  L  U  M  P  I  S  R  D  E  U
E  L  L  E  G  A  D  A  N  A  O  R
D  A  D  E  M  R  E  F  N  E  O  A
K  I  S  M  U  E  R  T  E  E  T  S
```

VOCABULARIO 2/GRAMÁTICA 2

10 Ahora completa estas oraciones con las palabras que encontraste en la sopa de letras, para saber cómo se sintieron todos.

1. Todos se sintieron tristes por la _____muerte_____ de la abuela.

2. Cuando Ricardo se enteró del _____nacimiento_____ de su hermanito no lo pudo creer.

3. Ricardo invitó a todos sus amigos al _____bautizo_____ de su hermano.

4. La _____llegada_____ de Tío Juan, que estaba en Europa, fue fenomenal.

5. La _____enfermedad_____ de Tía Federica los preocupó a todos.

11 Dibuja una pequeña familia en una celebración familiar. Tú debes estar en el dibujo también. Después, escribe un párrafo donde digas lo que pasó en la celebración. Utiliza el pretérito de los verbos **ponerse, sentirse, querer, saber** y **estar** y tu imaginación.

Answers will vary.

_____

_____

_____

_____

_____

_____

(**56**)

12 Tu amigo Raúl siempre oye cosas que no son verdad. Lee las oraciones para saber qué pasó la semana pasada en el colegio, y escribe lo que oyó Raúl. No te olvides de conjugar los verbos en el pasado. **Answers will vary. Possible answers:**

MODELO Dicen que nuestra nueva profesora es muy chismosa.
Raúl oyó que nuestra nueva profesora era muy callada y seria.

1. Dicen que los amigos del director construyen casas.
   Raúl oyó que los amigos del director construían gimnasios.

2. Dicen que el profesor de música y la secretaria se caen muy bien.
   Raúl oyó que el profesor de música y la secretaria se caían muy mal.

3. Dicen que Juan lee el periódico en español en su clase de literatura.
   Raúl oyó que Juan leía el periódico en español en su clase de ciencias.

4. Dicen que el entrenador se cree todas las cosas que dicen los jugadores.
   Raúl oyó que el entrenador no se creía nada de lo que decían
   los jugadores.

5. Dicen que los estudiantes se cayeron durante la competencia de patinaje.
   Raúl oyó que los estudiantes se cayeron durante la competencia de
   atletismo.

13 Gabriel dice mentiras y nunca hace las cosas que tiene que hacer. Ayuda a Gabriel a contestar las preguntas de su mamá. Usa los verbos **poder, querer** y **saber** en las respuestas. **Answers will vary. Possible answers:**

MODELO ¿Por qué no fuiste a la clase de matemáticas esta mañana?
Yo quise ir pero no supe que había clase hasta esta tarde.

1. ¿Por qué no leíste el libro para tu clase de ciencias?
   Quise leerlo pero no pude encontrarlo.

2. ¿Por qué no compartieron tú y tu hermano los juguetes?
   No quisimos compartirlos.

3. ¿Por qué no creyeron tú y tu hermano que yo necesitaba ayuda cuando los llamé?
   No supimos que decías la verdad.

4. ¿Por qué no oíste el teléfono cuando llamó la abuela?
   No pude oírlo porque estaba practicando el piano.

5. ¿Por qué no vinieron tus amigos a ayudarte con los quehaceres?
   Ellos no me quisieron ayudar.

Recuerdos

14 Lee el cuento a continuación y después usa la información para contestar las preguntas. **Answers will vary. Possible answers:**

El niño que quería ser astronauta

Había una vez un niño que soñaba con ser astronauta. Era un niño muy callado pero también muy curioso. Le gustaba trepar a los árboles e imaginar que estaba en una nave espacial *(spaceship)*. Muchas veces, cuando jugaba con sus amigos, él creía que ellos eran de otro planeta y que tenía que conversar con ellos en otra lengua.

A sus amigos les caía muy bien el niño, pero les fastidiaba escucharlo hablar y a veces se peleaban.

Así pasaron los años y el niño ya era un joven que estudiaba en el colegio. Todavía soñaba con ser astronauta, pero no le decía nada a nadie. Le gustaba estudiar y le fascinaban las ciencias y las matemáticas. Siempre sacaba buenas notas y les caía bien a todos sus compañeros y profesores.

Leyó todos los libros que encontró y aprendió muchísimo. Un día, uno de sus viejos amigos vio su foto en una revista. Cuando se enteró de que su compañero de juegos era un famoso astronauta, ¡no lo pudo creer!

1. ¿Con qué soñaba el niño?

Él soñaba con ser astronauta.

2. ¿Cómo era el niño? Descríbelo.

El niño era curioso y callado.

3. ¿Cómo se llevaba con sus amigos?

Se llevaba bastante bien con sus amigos, pero a veces se peleaban.

4. ¿Sus amigos creyeron que él iba a ser astronauta de verdad?

No, no lo creyeron.

5. ¿Cómo se sintió su amigo cuando vio la foto en la revista?

Su amigo no lo pudo creer.

6. Y tú, ¿con qué soñabas cuando eras niño(a)? ¿Con qué sueñas hoy?

Yo soñaba con ser profesora, pero ahora no. Sueño con ser ingeniera.

Recuerdos

15 Al papá de Esteban le gusta contar historias de cuando era pequeño. Mira los dibujos y cuenta la historia de uno de sus viajes. Usa la imaginación y cuenta lo que pasó en cada lugar. **Answers will vary. Possible answers:**

MODELO El Señor Ramírez comenzó su viaje en Houston y abordó el avión.

1. Fue de compras a una tienda de regalos.

2. Él y sus amigos conocieron la ciudad.

3. El Señor Ramírez y su amiga sacaron muchas fotos.

4. Visitó el pirámide.

5. Todos cenaron en un restaurante mexicano.

INTEGRACIÓN

16 Lee la conversación que tuvo tu abuela Conchita con su hija, tu mamá. Primero lee toda la conversación para saber qué necesitas escribir para completarla. Usa la imaginación y el vocabulario de esta lección. **Answers will vary.**

Mamá Mamá, ¿te acuerdas de cuando vivíamos en España? Yo era muy pequeña y no recuerdo muchas cosas. ¿Qué hacíamos allí los fines de semana?

Abuela _____

_____

Mamá Ah, sí, no se me olvida aquel día cuando yo estaba en la casa jugando con mis animales de peluche y llegó un señor muy alto con un regalo para ti. ¿Qué hiciste con aquel regalo? Creo que era un libro...

Abuela _____

_____

_____

Mamá ¿Y cómo te sentiste cuando supiste eso?

Abuela _____

Mamá También me acuerdo del bautizo de Sebastián. ¿Supiste que se casó?

Abuela _____

Mamá Sí, yo tampoco lo pude creer, pero era cierto... Oí que su novia era una mujer muy guapa pero un poco chismosa. Papá estuvo allí también. ¿Sabes qué oyó él sobre ella?

Abuela _____

_____

Mamá A mí siempre me cayeron bien Sebastián y sus hermanos. ¿A ti no te caía muy bien su mamá, verdad?

Abuela _____

Mamá En aquel entonces creo que la vida era más fácil para todos... Me gustaba hacer muchas cosas y no me molestaba nada. Ahora me molesta mucho. ¿A ti también?

Abuela _____

¡Buen provecho!

1 Contesta las siguientes adivinanzas.

1. Son frutas rojas y sabrosas. Son ___las fresas___.

2. Es una fruta amarilla y grande y viene de lugares tropicales. Es
___la piña___.

3. Hay muchas verduras, de muchos colores. Las comemos con el aceite de
oliva: ___ensalada mixta___.

4. Vienen del agua pero no son peces, son: ___los mariscos___.

5. Son guineos y también se llaman: ___plátanos___.

6. No sabe dulce, tampoco salado. Lo puedes poner en la ensalada con el aceite
de oliva: ___el vinagre___.

2 El siguiente menú está en desorden. Escribe los alimentos donde corresponden.

Menú	Menú
Sopas y entremeses	**Sopas y entremeses**
Pollo asado con gandules	_____
Agua mineral	_____
Flan de vainilla	_____
Ensalada mixta	_____
Platos principales	**Platos principales**
Caldo de pollo	_____
Bistec a la parrilla	_____
Café	_____
Té	_____
Bebidas	**Bebidas**
Chuleta de cerdo	_____
Fresas con crema	_____
Postres	**Postres**
Gazpacho	_____
Sopa de ajo	_____

VOCABULARIO 1/GRAMÁTICA 1

3 Mira el dibujo. ¿Qué quiere la cliente? ¿Qué le recomienda el mesero? Escribe una conversación de tres o cuatro líneas entre la cliente y el mesero.

Answers may vary.

4 En el restaurante "Amanecer" no todos los clientes están contentos. Escribe qué piensa cada uno de su comida. **Answers will vary. Possible answers:**

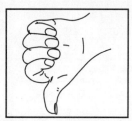

1. ¿Ya probaste la sopa?
   Sí, no te la recomiendo. Está aguada.

2. ¿Qué tal está el pollo?
   ¡Está en su punto!

3. Sr. Ramírez, ¿le gusta la ensalada?
   Sí, pero le falta sal.

5 Luis es mesero en un restaurante. Hoy llegó un cliente que no sabe qué pedir. Completa la conversación con las formas correctas de los verbos del cuadro. No olvides los pronombres.

traer	recomendar	pedir	servir	llevar	probar	desear

—Buenos días, Sra. López. ¿**(1)**_____**Desea**_____ algo de beber?

—Sí, por favor **(2)**_____**tráigame**_____ agua mineral y el menú.

—Sí, cómo no. Inmediatamente **(3)**_____**se los traigo**_____.

—¿**(4)** **Me recomienda** la chuleta de cerdo?

—¿La chuleta de cerdo? **(5)**__**Se la recomiendo**__, está muy sabrosa. También le recomiendo el bistec a la parrilla.

—Creo que voy a pedir el bistec. Por favor **(6)**_____**sírvamelo**_____ enseguida.

—¿Se le ofrece algo más?

—Quiero un postre, pero **(7)**_____**se lo pido**_____ después. Gracias.

6 La familia Ramos va a abrir un nuevo restaurante en tu calle. Ellos prepararon estas preguntas para todas las personas que viven allí. Contéstalas según tu opinión. **Answers will vary.**

   1. Generalmente, ¿le gusta comer en restaurantes muchas veces por semana?

     _____

   2. ¿Prefiere comer lentamente o rápidamente?

     _____

   3. ¿Hay algo que usted pide en los restaurantes típicamente? ¿Qué es?

     _____

   4. ¿Qué le gusta pedir de postre?

     _____

   5. ¿Qué les gusta tomar a sus amigos y a usted?

     _____

   6. En un restaurante, ¿cuándo pide el plato del día?

     _____

¡Buen provecho!

7 Recuerda lo que aprendiste en las Notas culturales y responde a las preguntas.

1. En Puerto Rico, el casabe era el alimento principal de los taínos. ¿De qué lo hacían y cómo lo hacían?   **Answers will vary. Possible answers:**
Los taínos hacían el casabe de yuca. La lavaban, pelaban y usaban

para hacer una harina. Con ésta, preparaban pan.

2. En la cocina puertorriqueña se usan ingredientes como las habichuelas, el arroz y el plátano. Si no la has probado, usa la imaginación. ¿Te gusta? ¿Qué platos conoces donde se mezclan las frutas con las verduras o la carne?

_____

_____

3. El gofio es un dulce de maíz puertorriqueño que es conocido de diferentes formas en otros países. ¿Conoces algún dulce parecido al gofio? ¿Cuál?

_____

_____

8 Empareja cada descripción de la columna de la izquierda con el lugar correspon-diente en la columna de la derecha.

___b___ **1.** Es un centro comercial muy importante en la ciudad.

___e___ **2.** Sirvió como residencia de la familia Ponce de León por más de 250 años.

___c___ **3.** Fue construido en los años 1920 para las oficinas de los senadores y representantes.

___a___ **4.** Está llena de tiendas y mucha gente, y refleja la vida cotidiana del Viejo San Juan.

___d___ **5.** Es un buen ejemplo de la arquitectura militar de la época barroca.

a. La Calle Fortaleza
b. La Plaza de Armas
c. El Capitolio
d. El Castillo de San Cristóbal
e. La Casa Blanca

64

¡Buen provecho!

9 Mariana le pidió a su abuela una receta, pero ella no se la dio bien. Primero completa la receta con palabras del cuadro. Después escríbela en orden.

fríen	hierve	tostados	aceite	ajo
cocido	sal	salsa de tomate	añade	especias

Sopa de fideos

- Cuando el pollo está (1)_____**cocido**_____, sácalo del caldo.
- Por último, se le (2)_____**añade**_____ el caldo y se deja hervir diez minutos.
- Los fideos se (3)_____**fríen**_____ con un poco de (4)_____**aceite**_____.
- Para hacer el caldo, se (5)_____**hierve**_____ el pollo en agua con un poco de

  (6)_____**sal**_____.
- Cuando los fideos están (7)_____**tostados**_____, se les pone un poco de

  (8)**salsa de tomate**.
- También se puede cocinar poniéndoles a los fideos una cucharadita de

  (9)_____**ajo**_____ o de (10)_____**especias**_____. Si se le pone ajo, es importante

  cortarlo en trozos pequeños.

Sopa de fideos

• Para hacer el caldo, se hierve el pollo en agua con un poco de sal.

• Cuando el pollo está cocido, sácalo del caldo.

• Los fideos se fríen con un poco de aceite.

• Cuando los fideos están tostados, se les pone un poco de salsa de tomate.

• Por último, se le añade el caldo y se deja hervir diez minutos.

• También se puede cocinar poniéndoles a los fideos una cucharadita de ajo o de especias. Si se le pone ajo, es importante cortarlo en trozos pequeños.

---

10 ¿Te gustan las papas fritas? ¿Sabes cómo prepararlas? Haz una lista de los ingredientes y escribe la receta. **Answers will vary.**

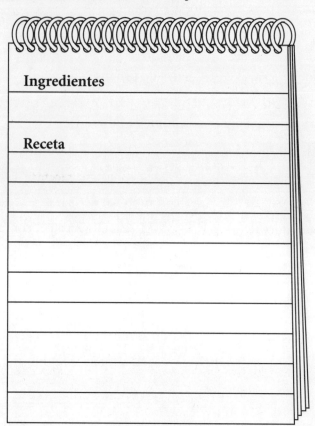

Ingredientes

Receta

11 Sabes que es importante llevar una dieta balanceada. ¿Llevas una dieta balanceada? Responde a las preguntas para saberlo. **Answers will vary.**

   1. ¿Comes comida rápida? ¿Cuántas veces por semana / por mes?

   _____

   2. ¿Comes vegetales y frutas? ¿Cuáles?

   _____

   3. ¿Le echas mucha sal o azúcar a la comida? ¿Cuándo los añades?

   _____

   4. ¿Crees que comes mucha grasa? ¿Por qué?

   _____

   5. ¿Qué alimentos con carbohidratos comes?

   _____

66

VOCABULARIO 2/GRAMÁTICA 2

12 ¿Cuál es tu receta favorita? Sigue estos pasos para completarla.

1. ¿Cómo se llama el plato? _____ **Answers will vary.** _____

   _____

2. ¿Qué ingredientes necesita?

   _____

3. ¿Cuáles de estas cosas se hacen para preparar el plato? Marca todas las necesarias.

   a. Se fríe **b.** Se hornea **c.** Se asa **d.** Se hierve **e.** Se pela

4. ¿Qué especias y condimentos van bien con tu receta?

   a. sal **b.** azúcar **c.** vinagre **d.** aceite **e.** ajo **f.** salsa de tomate

5. ¿A quién le recomiendas este plato? ¿Por qué?

   _____

13 Escribe los nombres de las comidas preparadas de estas maneras diferentes.

1. Tres comidas que son fritas: **Answers will vary. Possible answers:**
   Pescado frito, pollo frito, papas fritas

2. Tres comidas que son asadas:
   Carne asada, pollo asado, chuletas de cerdo asadas

3. Una comida que es congelada:
   helado

4. Tres comidas que son horneadas:
   Chuleta de cerdo horneada, pollo horneado, bistec horneado

5. Tres comidas que son hervidas:
   Huevo hervido, verduras hervidas, mariscos hervidos

¡Buen provecho!

14 Lee lo que escribió Luis en su diario y usa la información para contestar las siguientes preguntas. **Answers will vary.**

Journal

Querido diario:

Ayer estaba preparado para tener un día fenomenal. Iba a cocinar mis recetas favoritas. Cuando era pequeño había comidas que me gustaban mucho. Por eso, decidí buscar las recetas y prepararlas para invitar a mi familia y a mis amigos a probarlas.

Cocinar es algo que no hago frecuentemente, pero pensé que no iba a ser difícil. Pero sí, es. Empecé cocinando una pasta con salsa de tomate, después un pollo con salsa de piña, una ensalada mixta y finalmente, un helado con chocolate y galletas. Me divertí mucho hasta ese momento, todo quedó delicioso: cuando entraba en la cocina olía la salsa de tomate y el pollo. Ver la ensalada con los colores de los diferentes vegetales me hacía pensar que realmente podía "comer con los ojos". El helado era tan sabroso que tenía ganas de servirlo como plato principal y no de postre.

Todo estaba perfecto. Seguí las recetas exactamente, paso por paso. De repente, me dí cuenta de algo que no estaba escrito en las recetas, y era... limpiar y arreglar toda en la cocina.

Querido diario, no quiero escribirte cómo quedó todo. ¿No crees que las recetas deben decir también cuánto tiempo se tarda en limpiar después de cocinar?

1. ¿Por qué Luis quiso preparar sus recetas favoritas?

_____

2. ¿Qué significa "comer con los ojos"?

_____

3. Cómo terminó el día en la cocina? ¿Por qué?

_____

4. ¿Crees que la comida que preparó Luis es una parte de una dieta balanceada? ¿Por qué?

_____

CAPÍTULO

INTEGRACIÓN

¡Buen provecho!

15 Ayer estuviste en un restaurante nuevo y tus amigos quieren saber qué pasó allí, cómo era el lugar y qué comiste. Usa las pistas del cuadro para escribir un párrafo para contarles a tus amigos todo lo que hiciste y viste allí.

especialidad del día	**ser muy moderno**	**fresas con crema**	**el menú**
lentamente	**los mariscos**	**rápidamente**	**la sopa**
saber a ajo	**echados a perder**	**un mesero**	
haber mucha gente	**los meseros**	**caerse**	
pollo asado	**los cocineros**	**constantemente**	

_____

_____

_____

_____

_____

_____

_____

_____

_____

_____

16 Completa el diagrama. ¿Qué te gustaba comer de niño(a)? ¿Qué te gusta comer ahora? En el centro escribe lo que te gustaba antes y lo que todavía te gusta.

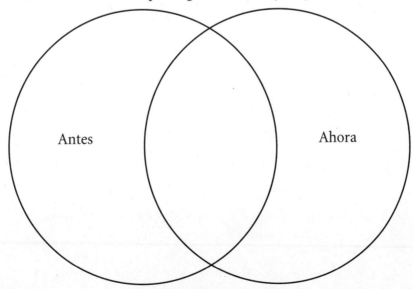

INTEGRACIÓN

17 Pídele a alguien de tu familia la receta de una comida típica que comen en alguna celebración, por ejemplo, en una fiesta o un cumpleaños. Escribe la receta abajo, incluyendo los ingredientes, y luego explica para qué celebración tu familia la prepara. Completa tu trabajo con una fotografía o dibujo de la comida.

UNA COMIDA TÍPICA DE LA FAMILIA

Nuestra comida típica es _____ **Answers will vary.** _____

Los ingredientes:

_____   _____

_____   _____

_____   _____

La receta

_____

_____

_____

_____

_____

Preparamos esta comida para ocasiones especiales como...

_____

La primera vez que yo la probé fue cuando...

_____

Me gusta porque...

_____

---

(70)

Tiendas y puestos

1 En la tienda de ropa "La Estrella", hay muchas cosas que comprar. Escribe los nombres de las cosas que se pueden comprar allí.

a. _____el traje_____   e. _____la bufanda_____

b. _____el cinturón_____   f. _____las corbatas_____

c. _____los jeans_____   g. _____los guantes_____

d. _____la falda_____

2 Contesta las adivinanzas con una palabra apropiada del vocabulario.

1. Cuando una persona quiere verse, usa esto. _____el espejo_____

2. El precio de una cosa en una tienda está aquí. _____la etiqueta_____

3. Pagamos a esta persona en una tienda. _____el/ la cajero(a)_____

4. El lugar en la tienda donde pagamos es _____la caja_____.

5. El dinero que se añade al precio de una cosa es _____el impuesto_____.

6. Lo que cuesta una cosa es _____el precio_____.

7. Lo que nos ponemos si los pantalones nos quedan flojos es _____el cinturón_____.

8. Nos ponemos estos en las manos si hace frío. _____los guantes_____

VOCABULARIO 1/GRAMÁTICA 1

3 Leonora y Patricia están de compras. Escribe lo que dicen debajo de cada dibujo.

MODELO ¿Qué te parece este vestido?

Answers will vary.

_____ _____ _____

_____ _____ _____

4 La mamá de Mónica le preguntó qué hizo cuando fue de compras. Contesta las preguntas usando las formas correctas de los verbos entre paréntesis. Escribe uno de los verbos en el pretérito y el otro en el imperfecto. **Answers will vary.**
Possible answers:

MODELO ¿Adónde fuiste de compras? (ir / haber gente)
Fui de compras a la "Boutique Mirel" pero había mucha gente.

1. ¿Por qué decidiste ir allí? (decidir / haber ofertas)
   Decidí ir allí porque había ofertas.

2. ¿Qué te gustó en la tienda? (entrar / ver)
   Desde el momento en que entré en la tienda, veía muchas cosas.

3. ¿Te probaste algo? (probar / querer)
   Quería probarme mucha ropa, pero no me probé nada.

4. ¿Había ofertas? (encontrar / gustar)
   Sí, y encontré muchas cosas que me gustaban.

5. ¿Por qué no compraste los jeans? (quedar / ver)
   No me quedaban bien y también vi una falda más bonita.

5 Ana y su mamá estuvieron de compras todo el día en el centro comercial. Empareja cada oración de la izquierda con la más apropiada de la derecha.

_e_ **1.** Mamá, iba a probarme el traje rojo...

_a_ **2.** No encontré...

_c_ **3.** Me dieron...

_f_ **4.** Vi que las faldas estaban en oferta...

_d_ **5.** Quería comprar una camisa...

_b_ **6.** Iba a comprar el vestido azul...

a. las faldas que buscaba.
b. pero me quedaba apretado.
c. un descuento del 20%.
d. pero no estaba en oferta.
e. pero no encontré los probadores.
f. así que compré tres.

6 Escribe un párrafo sobre la última vez que fuiste de compras. Habla de dos cosas que compraste y dos cosas que querías comprar pero no compraste. Explica por qué no compraste las dos cosas que querías.

Answers will vary.

_____

_____

_____

_____

_____

7 Cuando Roberto llegó a la tienda iba a comprar sólo un pantalón. Mira los dibujos. Escribe una leyenda (caption) para cada dibujo, explicando qué es lo que pasó. Incluye un verbo en el pretérito y otro en el imperfecto en cada oración.

1. **2.** **3.**

1. **Answers will vary.** _____

2. _____

3. _____

Tiendas y puestos

8 Recuerda lo que aprendiste en las Notas culturales de esta lección y usa la información para responder a estas preguntas.

1. ¿Qué sabes si miras una guía telefónica de una ciudad chilena?
Answers will vary.
_____

_____

2. Explica qué son las arpilleras y por qué las hicieron.
_____

_____

_____

3. Da dos ejemplos de la artesanía chilena.
_____

_____

4. Chile es famoso por sus frutas y vinos, que se venden en otros países. Explica qué frutas se producen en Chile. ¿Por qué podemos comprarlas en Estados Unidos en diciembre? _____

_____

5. ¿Cuáles son dos medios de transportación en Santiago? ¿Tiene tu ciudad o pueblo los mismos (same) medios?
_____

_____

6. Santigo está compuesta de muchos barrios y cada uno tiene una personalidad muy distinta (different). Describe dos de ellos.
_____

_____

_____

Tiendas y puestos

9 Estas personas están en un mercado. Mira los dibujos y completa las oraciones.

MODELO
Mira que bonitos adornos hay en ese **puesto del mercado**.

1. Tengo ganas de comprar adornos de ___cerámica___.

2. ¿Cuánto cuesta este ___tejido___?

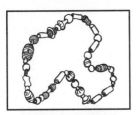

3. ¡Me encanta este ___collar___!

4. Esas ___cestas___ están lindísimas; están hechas a mano.

5. Disculpe, ¿son de plata estas ___cadenas___?

6. ¿Cuánto valen estas ___pinturas___?

VOCABULARIO 2/GRAMÁTICA 2

10 El señor Pérez está de vacaciones y fue a un mercado al aire libre. Escribe un breve diálogo entre la vendedora y el señor Pérez, según los dibujos. **Answers will vary.**

_____      _____

_____   _____

_____   _____

_____   _____

_____      _____

_____   _____

_____   _____

11 Contesta las siguientes preguntas sobre tu viaje a Chile usando las frases en paréntesis y **por** o **para**.

MODELO ¿Cuánto costó la hamaca? (15.000 pesos)
Lo compré por 15.000 pesos.

1. ¿Adónde fuiste después de ir al mercado? (parque)
Después de ir al mercado, pasé por el parque.

2. ¿Por qué compraste ese collar? (la abuela)
Lo compré para la abuela.

3. ¿Cuánto tiempo estuviste en Chile? (dos semanas)
Estuve en Chile por dos semanas.

4. ¿Por qué fuiste al mercado central? (comprar fruta)
Fui al mercado central para comprar fruta.

5. ¿Te gustó la guía de la ciudad que te regalé? (gracias)
Sí. Gracias por esa guía.

6. ¿Cómo entraron tú y tus amigos al Mercado Central? (la puerta principal)
Entramos por la puerta principal.

12 Jaime estaba de viaje por Chile y le escribió una carta a su familia. Completa la carta con los adjetivos y adverbios del cuadro. **Answers will vary. Possible answers:**

ese	acá	allá	aquel	aquí	esta	allí	aquellas

¡Hola familia! ¿Cómo están todos por (1)_____ **allá** _____? Estoy muy contento (2)_____ **aquí** _____. (3)_____ **Esta** _____ ciudad es muy diferente ahora. (3)_____ **Aquel** _____ Santiago de hace diez años ya cambió; (4)_____ **aquellas** _____ calles tranquilas son ahora grandes avenidas. La comida es muy rica (5)_____ **acá** _____ y el clima es agradable. Voy a ir al mercado de artesanías. En (6)_____ **ese** _____ mercado hay cosas lindas. Voy a ir (7)_____ **allí** _____ esta tarde.

Con cariño, Jaime

13 Marta y Elsa caminan entre los puestos del mercado. Contesta las preguntas en forma negativa usando la palabra entre paréntesis. No repite el nombre *(noun)*.

MODELO ¿Te gustan los pantalones de cuero? (algodón)
   No, prefiero los de algodón.

1. ¿Compraste el collar de plástico? (plata)
   No, compré el de plata.

2. ¿Viste las figuras de madera? (barro)
   No, vi las de barro.

3. ¿Te gusta la cesta de paja grande? (pequeño)
   No, prefiero la pequeña.

4. ¿Viste los manteles bordados? (encaje)
   No, vi los de encaje.

5. ¿Vas a comprar esta hamaca de aquí? (de allí)
   No, voy a comprar aquélla de allí.

6. ¿Te dieron un descuento en aquél puesto lejano? (cercano)
   No, me dieron un descuento en ese cercano.

Tiendas y puestos

14 Aquí tienes anuncios de tres tiendas de ropa. Compara las tiendas y luego contesta las preguntas.

La Moda

Gran venta de liquidación

50% de descuento en pantalones, camisas y artículos de cuero

60% de descuento en vestidos de gala y faldas

Tenemos más de 1000 artículos en oferta

Tienda exclusiva Milagros

Faldas, minifaldas, bufandas, guantes... todo para la mujer elegante.

Venga a probarse los vestidos más nuevos.

Con nuestra ropa, se ve guapísima.

Casa de regalos La Fina

¿Necesita un adorno de vidrio?

¿Busca cerámica de bonitos diseños?

¿Quiere joyas de plata?

Tenemos las artesanías más finas de la región a los mejores precios.

Visítenos en Insurrección, 60.

---

1. ¿Qué tienda vende ropa para hombres?

   La Moda

2. Imagina que necesitas comprarte ropa para una fiesta muy importante, pero no quieres gastar mucho. ¿A qué tienda vas a ir? ¿Por qué?

   La Moda; answers will vary.

3. ¿En qué tienda probablemente no hay descuentos?

   Tienda exclusiva Milagros

4. Tu amigo quiere comprar un collar para su mamá. ¿A qué tienda debe ir?

   Casa de regalos La Fina

5. ¿Dónde puedes encontrar una pintura?

   Casa de regalos La Fina

6. ¿Dónde venden artículos hechos a mano?

   Casa de regalos La Fina

Holt Spanish 2

Cuaderno de actividades

Tiendas y puestos

15 Vas a abrir una tienda y preparas un anuncio para el periódico. **Answers will vary.**

    1. Determina qué cosas vas a vender allí. ¿Ropa, artesanía, joyas? Escribe aquí las cosas que quieres vender.

    _____

    _____

    2. Ahora piensa en un nombre original para la tienda. Escríbelo aquí:

    _____

    3. Es importante ofrecer descuentos y ofertas. Por ejemplo, puedes ofrecer descuentos para estudiantes o para gente mayor. Indica aquí qué descuentos va a haber y para quién.

    _____

    _____

    _____

    4. También necesitas algunas frases para animar a las personas a visitar la tienda. Por ejemplo, puedes decir: "Si compras en la tienda X, te vas a ver guapísimo" o algo relacionado con las cosas que vendes. Escribe tres frases que describen tu tienda aquí.

    _____

    _____

    _____

    _____

    5. Finalmente, haz un pequeño dibujo de la vitrina de tu tienda. Dibuja 4–5 artículos que vas a poner allí y pónles una etiqueta indicando qué son.

INTEGRACIÓN

16 Carlos abrió una tienda de ropa la semana pasada. Completa su conversación con un amigo de forma lógica. Usa tu imaginación y presta atención a los verbos en el imperfecto y en el pretérito.

MODELO

Carlos   ¿Crees que ésa tienda de enfrente es más popular que la mía?

Su amigo   **No, creo que aquella tienda de la esquina es más popular. Yo te lo dije cuando ibas a abrir tu tienda.**

Carlos   Lo sé, lo sé. En fin, el lunes vino una chica a probarse una blusa, pero me dijo que no le gustaba ni esta blanca ni esa azul de la esquina. ¿A ti te gustan?

Su amigo   **Sí, me gustan mucho.**

Ya veo que tiene descuento. ¿En cuánto se la dejaste?

Carlos   **Se la dejé en quince mil pesos.**

_____

Su amigo   Realmente le diste un precio especial. ¿Me puedes rebajar a mí el precio de este cinturón?

Carlos   **Claro que sí. Te lo regalo por diez mil pesos.**

_____

Su amigo   Bueno, ¿dónde están los probadores?

Carlos   **Están allí a la izquierda de la caja.**

_____

Su amigo   También me dijiste que ibas a vender cosas hechas de madera, de paja y de cuero. ¿Tienes algo hecho de esos materiales?

Carlos   **Sí, sí. Tengo un gran surtido de cosas hechas a mano de esos materiales.**

Su amigo   Mira, iba a comprar este pantalón, pero me queda apretado. ¿Tienes otro para probarme antes de irme?

Carlos   **No, lo siento. Ése es el último que tengo en la tienda.**

_____

Su amigo   Gracias Carlos, buena suerte con la tienda.

A nuestro alrededor

1 Contesta las siguientes adivinanzas.

1. Yo soy un pájaro con ojos redondos *(round)* y grandes. Soy __el búho__.

2. Me veo como perro y vivo en el desierto. Soy __el coyote__.

3. No soy el mar, no soy un lago. Soy agua que corre. Soy __el río__.

4. Si cae un poco de lluvia, está __lloviznando__.

5. La tierra se mueve y los edificios se caen cuando hay un __terremoto__.

6. Para saber el clima necesito oír las __noticias__.

7. En una tormenta se ven los relámpagos y se oyen los __truenos__.

8. Es difícil ver lo que está lejos cuando hay __niebla__.

Answers will vary. Possible answers:

2 Mira el mapa de México y di cómo está el clima en cada ciudad.

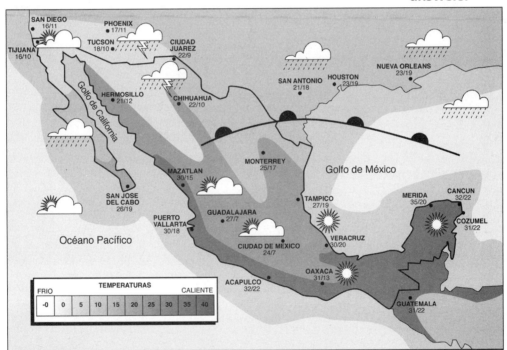

1. En Chihuahua __hay una tormenta. Está lloviendo.__

2. En Vera Cruz __está soleado y hace 30 centígrados.__

3. En Guadalajara __hace 27 centígrados.__

4. En Tijuana __hace frío.__

5. En Cancún __está soleado y hace calor.__

VOCABULARIO 1/GRAMÁTICA 1

3 La familia Pérez pasó unos días en el bosque. Mira los dibujos y cuenta qué les pasó según lo que ves.

Answers will vary. Possible answer: Leonardo y Nilda daban una caminata

por el bosque cuando vieron un animal. Hacía mucho frío y nevaba, pero

decidieron seguirlo. Ellos vieron un oso y Nilda sacó una foto. De repente la

madre del oso llegó y les dio mucho miedo. Decidieron huir.

_____

_____

4 Piensa en los membros de tu familia. Escribe qué tipo de vacaciones les gusta a ellos, y por qué. **Answers will vary. Possible answers:**

MODELO Raúl prefiere el bosque. Allí no hace tanto calor como en el desierto.

1. _____

2. _____

3. _____

4. _____

5. _____

6. _____

82

5 Completa esta historia sobre la última vez que viste un tornado, una tormenta o un huracán. Usa la imaginación para terminar las oraciones.

Answers will vary. Possible answer:

Estaba en _____ **North Carolina** _____

Iba caminando solo(a) por el lugar. Aquel lugar era _____ **la playa.** _____

El tiempo: _____ **Estaba soleado.** _____

De repente _____ **vino una tormenta grande. Cayó granizo.** _____

Al final _____ **la tormenta pasó y el sol salió de nuevo.** _____

6 Mira los dibujos y cuenta el cuento. Usa las expresiones que ya sabes para empezar, continuar y terminar tu cuento.

Answers will vary. Possible answer:

Érase una vez una muchacha triste. Siempre tenía que limpiar. Un día llegó

a su casa un muchacho. Era un príncipe. Él le ofreció a ella su ayuda. Él

limpío la cocina y ayudó a limpiar el piso.

_____

_____

_____

_____

_____

_____

A nuestro alrededor

7 Busca los nombres de seis lugares o edificios importantes de El Paso.

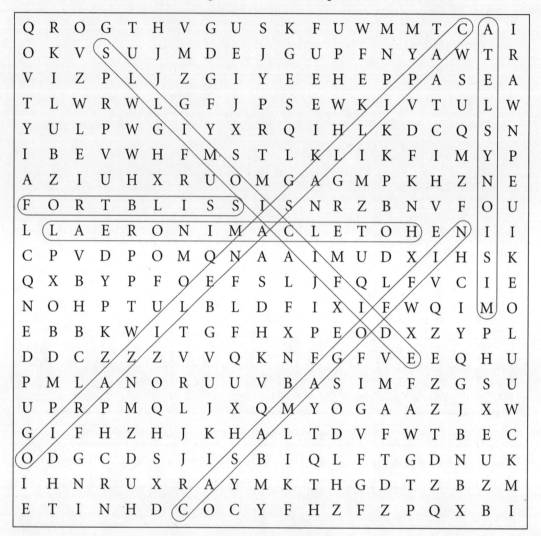

8 Recuerda lo que aprendiste en las Notas culturales de este capítulo y contesta las preguntas. **Answers will vary. Possible answers:**

1. ¿Cómo son los edificios en el Pueblo de Ysleta? ¿Qué se cultivaba en el Pueblo de Ysleta? ¿Qué se cultiva en el estado donde vives?

   Los edificios son de adobe en el Pueblo de Ysleta, donde se cultivaba

   maíz, uvas y algodón. En el estado donde vivo, se cultiva maíz y

   tomates.

2. ¿Qué hace el gobierno local de El Paso para controlar el uso del agua?

   Limita las horas y los días en que se puede regar los jardines y limpiar

   las calles.

84

A nuestro alrededor

VOCABULARIO 2/GRAMÁTICA 2

9 Marina les preguntó a sus amigos qué harán en sus vacaciones. Mira los dibujos y escribe qué contestó cada persona. Inventa un nombre para cada uno.

> **MODELO** —¿Qué vas a hacer si hace buen tiempo?
> —<u>Mari volará con ala delta.</u>

1.   **2.**   **3.**

4.   **5.**   **6.**

Answers will vary. Possible answers:

1. —¿Qué harás en la playa? <u>**Exploraré cuevas con mis amigos.**</u>

2. —¿Qué harán en sus vacaciones? <u>**Observarán la naturaleza con binóculos.**</u>

3. —¿Adónde irás este verano? <u>**Iré a la playa para hacer windsurf.**</u>

4. —¿Qué vas a hacer si hace buen tiempo? <u>**Voy a nadar.**</u>

5. —¿Qué van a hacer si tienen muchas vacaciones? <u>**Vamos a remar en el lago.**</u>

6. —¿Adónde irás de vacaciones? <u>**Voy al parque nacional para hacer**</u>
   <u>**escalada deportiva.**</u>

10 Escribe la palabra o expresión que no pertenezca (*doesn't belong*) a cada grupo.

1. bucear / hacer windsurf / explorar cuevas <u>**explorar cuevas**</u>

2. la fogata / la ballena / el pez <u>**la fogata**</u>

3. las gafas del sol / la crema protectora / la linterna <u>**la linterna**</u>

4. la caña de pescar / las gafas del sol / los binóculos <u>**la caña de pescar**</u>

85

VOCABULARIO 2/GRAMÁTICA 2

11 Estos jóvenes están cansados de estudiar y sólo piensan en sus vacaciones. ¿Adónde esperan ir? ¿Qué quieren hacer? Escribe oraciones expresando adónde irán o qué harán, empezando con **Ojalá que** o **Espero que.**   Answers will vary. Possible answers:

MODELO Espero que vayamos a las montañas estas vacaciones.

1. Ojalá que vaya a la playa.

2. Espero que mi perro y yo demos una caminata.

3. Ojalá que salte en paracaídas.

4. Espero que Lina y yo rememos en el lago.

5. Ojalá que saque muchas fotos.

6. Espero que mi familia y yo paseemos en bote de vela.

86

12 Imagina que irás de viaje con un grupo del colegio por dos semanas este verano. Escoge un lugar que estudiaste en esta lección como tu destino. Luego, completa la lista de cinco cosas que harás antes del viaje y cinco cosas que harás durante el viaje. Sé creativo.

Antes del viaje	Durante el viaje
MODELO Compraré una maleta.	**Iré a observar la naturaleza.**
Answers will vary.	

13 Tienes que compartir un cuarto con un(a) compañero(a) durante tu viaje de verano. Escribe cinco recomendaciones para tu compañero(a), para evitar *(avoid)* problemas durante el viaje. Usa el subjuntivo de los verbos **dormir, sentir, pedir, estar, dar** y **saber** en tus recomendaciones.

MODELO Espero que no veas la televisión si yo estoy durmiendo.

Answers will vary. _____

_____

_____

_____

_____

（87）

A nuestro alrededor

14 Lee esta narración que escribió Lázaro sobre unas vacaciones y contesta las preguntas a continuación.

Las mejores vacaciones

Hace cinco años, mi familia y yo fuimos a la costa de vacaciones. Nunca olvidaré ese viaje. Los preparativos fueron muy emocionantes. Yo hice mi maleta la noche anterior. Sólo me preguntaba: ¿Cómo será el clima en la costa? ¿Hará mucho viento? ¿Necesitaré un suéter?

Quería tener todo listo para unas vacaciones perfectas. Salimos muy temprano para tomar el avión. Desde la ventana del avión, podía ver muchas cosas interesantes como los árboles, las olas y muchos pájaros que volaban sobre el mar.

Cuando por fin llegamos, todos queríamos hacer algo diferente. Yo quería ver las ballenas. Ése era mi sueño desde pequeño. Mi hermano Rubén quería ir a nadar y coleccionar caracoles. Yo le dije: "Rubén, prefiero que vayamos a ver las ballenas. Después si quieres, te acompañaré a buscar caracoles".

Y así lo hicimos. Un día soleado, nos subimos a un barco. Llevé mis gafas y me puse crema protectora para el sol. La brisa del mar era muy agradable y me senté a esperar pensando: "Ojalá que tengamos suerte y las veamos". Esperamos unos diez minutos. De repente, alguien gritó: ¡Allí están... las ballenas!

Enseguida las vi. Había cinco ballenas que nadaban con las olas. Todos nos quedamos maravillados y pensé: "Ojalá que no se termine este momento".

Las ballenas se fueron y las vacaciones terminaron, pero todavía las recuerdo y espero que algún día volvamos a verlas.

---

1. ¿A Lázaro y a Rubén les interesan los animales? ¿Por qué dices sí o no?
   A Lázaro sí les interesan, pero a Rubén no. Lázaro sólo quería ver las
   ballenas durante las vacaciones.

2. ¿Cómo llegaron Lázaro y su familia a la costa? ¿A Lázaro le gustó el viaje?
   Ellos llegaron en avión. Le gustó mucho porque podía ver los árboles,
   las olas y muchos pájaros.

3. ¿Por qué Rubén no quería ir con él?
   Rubén no quería ir con él porque quería nadar y buscar caracoles.

4. ¿Qué tiempo hacía cuando fueron a ver ballenas?
   Hacía sol y había una brisa.

Holt Spanish 2

Cuaderno de actividades

A nuestro alrededor

15 ¿Cómo es el clima durante el año en el lugar donde vives? ¿Qué temperatura hace? Completa la tabla con todos los detalles posibles para cada estación.

	El clima de mi ciudad
En el verano	Answers will vary.
En el otoño	
En el invierno	
En la primavera	

16 Imagina que tu primo viene esta primavera de visita a tu ciudad. A él le encanta observar la naturaleza. ¿Adónde lo llevarás? ¿A la costa? ¿A las montañas? Escríbele un correo electrónico diciéndole tres o cuatro lugares que van a visitar en tu ciudad y las actividades que se pueden hacer allí. No olvides decirle qué necesita traer para sus vacaciones. **Answers will vary. Possible answer:**

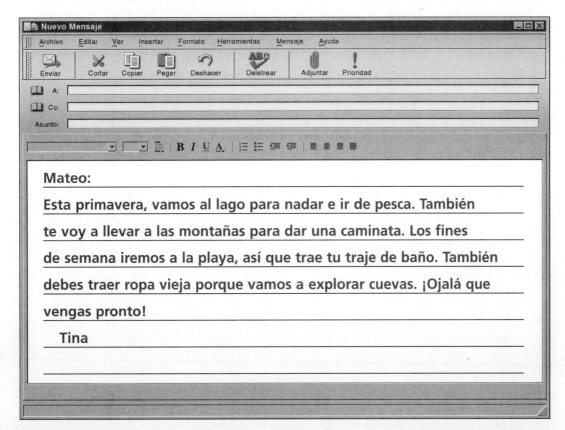

Mateo:

Esta primavera, vamos al lago para nadar e ir de pesca. También te voy a llevar a las montañas para dar una caminata. Los fines de semana iremos a la playa, así que trae tu traje de baño. También debes traer ropa vieja porque vamos a explorar cuevas. ¡Ojalá que vengas pronto!

Tina

INTEGRACIÓN

17 ¿Recuerdas las ciudades sobre las que hablamos durante todo el año? Hoy planearás unas vacaciones a uno de estos lugares. Primero, piensa en la ciudad adónde vas a ir y en qué mes(es) del año. Luego busca información sobre el lugar que quieres visitar en el Internet o en la biblioteca de tu colegio. Escribe un breve informe sobre el lugar, incluyendo la siguiente información: ciudad y país; clima cuando tú irás; plantas; animales; lugares de interés que quieres visitar; actividades turísticas; comida típica.

Answers will vary. _____

_____

_____

_____

_____

_____

_____

_____

_____

_____

_____

_____

_____

_____

_____

_____

_____

_____

_____

_____

_____

De vacaciones

VOCABULARIO 1/GRAMÁTICA 1

1 Marca con una X lo que debe hacer una persona cuando sale de viaje.

Answers will vary. Possible answers:

X	Firmar cheques de viajero
	Saber cocinar
X	Hacer una reservación
	Hacer llamadas por cobrar
	Visitar al farmacéutico
	Aconsejar al taxista
	Hospedarse en la cabina telefónica
X	Pedir información a la recepcionista
X	Usar una guía turística
	Pedir dónde están los aseos
	Comprar ropa
X	Tomar un taxi

2 Beatríz está de viaje. Lee el mensaje electrónico que le mandó a su mamá y contesta las preguntas siguientes. **Answers will vary. Possible answers:**

Querida mamá:

He estado muy contenta. En esta ciudad hay mucho que ver. En el hotel me recomiendan que empiece por visitar los museos y dicen que es mejor que lea la guía turística. El clima es muy agradable y no me he puesto mi chaqueta.

Todavía no he encontrado el collar que quieres. El guía me recomienda que busque todos los regalos en el mercado del centro. No le he escrito a nadie más que a ti. Dale un saludo a toda la familia de mi parte.
Beatríz

1. ¿Dónde debe empezar Beatríz?
   Beatríz debe empezar por visitar los museos.

2. ¿Qué tiempo hace donde está de vacaciones?
   Hace buen tiempo; no hace mucho frío.

3. ¿Ya ha comprado Beatríz el collar para su mamá?
   No, no lo ha comprado.

4. ¿Les ha escrito Beatríz a otras personas de su familia?
   No, todavía no le ha escrito a nadie más.

VOCABULARIO 1/GRAMÁTICA 1

3 Tú eres un(a) taxista. Un turista se sube a tu taxi y te pide que le recomiendes qué hacer. Para ayudarlo, escribe lo que has hecho en tu ciudad y lo que todavía no has hecho pero recomiendas. **Answers will vary. Possible answers:**

   1. Tres cosas que he hecho

     He visitado el museo de la ciudad; se lo recomiendo.

     He comido en el restaurante Estrella. La comida está buenísima.

     He pasado por el parque y es increíble. Debe ir.

   2. Tres cosas que no he hecho

     No he ido al restaurante "Parrilla", pero dicen que sirve comida buena.

     No he tomado el metro, pero creo que es bastante barato y rápido.

     No he pedido información en la oficina de turismo, pero ayuda mucho.

4 Anabel es una mujer policía. Trabaja en una ciudad donde hay muchos turistas que le piden información. Escribe las preguntas de los turistas con las pistas de abajo. Luego escribe lo que crees que Anabel les contestó.

   MODELO horario del museo   **Answers will vary. Possible answers:**
           —¿Sabe usted a qué hora abre el museo?
           —No estoy segura. Lo puede averiguar en la oficina de turismo.

   1. banco cerca

     Disculpe, ¿hay un banco cerca de aquí?

     Sí, hay uno que está a tres cuadras.

   2. precio de la entrada

     ¿Me podría decir el precio de la entrada para el museo?

     Sí. Es gratis.

   3. dónde están los aseos

     Disculpe, ¿dónde están los aseos?

     Están en la oficina de turismo.

   4. horario de la oficina de turismo

     ¿Sabe usted el horario de la oficina de turismo?

     No, lo siento. Lo puede averiguar allá en la oficina.

   5. dónde se compran rollos de película

     Disculpe, ¿sabe usted dónde se compran rollos de película?

     No estoy segura.

5 Luis trabaja en una agencia de viajes. Lee cómo son los clientes y escribe qué le recomienda Luis a cada uno. **Answers will vary. Possible answers:**

MODELO Quiere recorrer toda la ciudad pero no quiere ir en taxi.
<u>Le recomiendo que tome el metro.</u>
<u>Es importante que tenga un mapa.</u>

    1.   **2.**   **3.**   **4.**

  1. Viaja solo y le interesa el arte.
     Le aconsejo que visites el museo de arte.

  2. Un grupo de estudiantes a quienes les gusta divertirse.
     Les sugiero que tomen clases de tango.

  3. Gente mayor que quiere visitar lugares tranquilos.
     Les recomiedo que visiten el castillo.

  4. Una familia que quiere visitar lugares para niños.
     Les sugiero que vayan al zoológico.

6 Marta y Silvia están hablando de los viajes que hicieron el verano pasado y se están recomiendo cosas que deben hacer en las vacaciones de este verano. Escribe su conversación.

MODELO —¿Adónde fuiste el verano pasado?
           —Fui a un parque nacional en México. Lo debes visitar.

Answers will vary.

_____

_____

_____

_____

_____

_____

De vacaciones

7 Recuerda lo que aprendiste en las Notas culturales y la Geocultura y contesta las preguntas.

1. En Argentina hay lugares muy hermosos para nadar y esquiar. ¿Cuáles son y en dónde quedan? ¿En qué meses del año te recomiendan ir a cada uno?
   Answers will vary. Possible answers:

   Para nadar, es mejor viajar a Mar de Plata en Argentina en diciembre o

   enero. Si quieres esquiar, debes viajar a Bariloche en julio o agosto.

   _____

   _____

2. En el mundo hispano los días de vacaciones cambian de un país a otro. ¿En qué días salen de vacaciones en Argentina, España y México?
   En Argentina, salen de vacaciones desde mediados de diciembre hasta

   enero, en España, salen en agosto y en México, salen durante la

   Semana Santa.

3. ¿Quién era Evita Perón? ¿Por qué mucha gente todavía la honra?
   Eva Perón era la esposa del presidente de Argentina. Mucha gente

   todavía la honra porque ayudaba a muchas personas pobres.

   _____

4. ¿Cómo se considera al tango en Argentina? ¿Cuáles son sus antecedentes?
   Se considera al tango como baile, música, poesía y canción. Sus

   antecedentes son el vals, la polka y la habanera.

   _____

5. ¿Por qué el Río de la Plata fue nombrado así? ¿De qué océano viene?
   Fue nombrado así por los españoles porque esperaban encontrar plata

   allí. Sus aguas vienen del Océano Atlántico.

   _____

8 Da dos ejemplos de cada lugar de vacaciones. Subraya los *(underline those)* que has visitado. **Answers will vary. Possible answers:**

Lugares de vacaciones	Ejemplos
Aguas termales	**Hot Springs National Park, Mammoth Hot Springs**
Cataratas	**Victoria Falls, Niagara Falls**
Parques nacionales	**Yellowstone, Rocky Mountain**
Selvas tropicales	**Amazon, El Yunque**
Volcanes	**Mt. St. Helens, Arenal**
Montañas	**Andes, Appalachian**
Costas	**Caribbean coast, Atlantic coast**

9 Después de no verse durante el verano, Emiliana y Rodrigo tienen mucho que contar. Relaciona las preguntas con las respuestas.

____d____ **1.** ¿Adónde fuiste este verano?

____b____ **2.** ¿Qué hiciste?

____e____ **3.** ¿Viste a Julio? ¿Qué noticias tienes de él?

____a____ **4.** ¿Sabías que yo me voy a vivir a otro lugar la próxima semana?

____f____ **5.** Cuéntame qué hiciste cuando viste el oso.

____c____ **6.** ¿Sigues pensando en estudiar aquí?

a. ¡No me digas! ¿Adónde?

b. Exploré la selva y fue divertido.

c. No, espero cambiarme a otro colegio.

d. A las montañas con mis amigos.

e. No, él no fue. Pero no lo vas a creer, está en Europa.

f. Eran como las 6 de la mañana cuando salimos a caminar y de repente lo vimos.

95

VOCABULARIO 2/GRAMÁTICA 2

10 Mira los dibujos. Imagina que fuiste a estos lugares. Primero, escribe qué hiciste y qué viste. Luego escribe cómo era cada lugar y qué había. **Answers will vary. Possible answers:**

Adónde fui: la selva

Qué hice: Exploré y observé la naturaleza.

Qué vi: Vi muchos animales y plantas.

Cómo era: Era muy húmedo.

Qué había: Había árboles muy grandes.

Adónde fui: un parque nacional

Qué hice: Hice un tour.

Qué vi: Vi una catarata.

Cómo era: Era muy tranquilo.

Qué había: Había vistas muy bonitas.

Adónde fui: un mercado al aire libre

Qué hice: Compré recuerdos.

Qué vi: Vi cestas y adornos de madera.

Cómo era: Era muy divertido.

Qué había: Había mucha gente.

Adónde fui: las montañas

Qué hice: Hice senderismo.

Qué vi: Vi nieve y hielo.

Cómo era: Era bonito, pero hacía mucho frío.

Qué había: Había lugares para esquiar.

11 Elena está contenta porque va a ir a la playa. Ricardo está enamorado de Elena. Lucía está preocupada porque no hizo una reservación en el hotel. Mario está triste porque perdió sus cheques de viajero. Hazles recomendaciones sobre qué debe hacer cada uno. **Answers will vary. Possible answers:**

1. Elena __Le recomiendo que lleve la crema protectora.__

   _____

2. Ricardo __Le sugiero que invite a Elena al restaurante Corazón. Es un__

   __lugar muy romántico.__

3. Lucía __Le aconsejo que se hospede en un albergue juvenil.__

   _____

4. Mario __Le sugiero que vaya al banco. El banquero puede ayudarlo.__

   _____

12 Tu hermano se va de vacaciones y no sabe qué hacer. Dale consejos.

MODELO Mi avión sale a las 6 de la mañana.   **Answers will vary.**
           Te aconsejo que te levantes temprano.   **Possible answers:**

1. ¿Debo tomar el metro?
   Es mejor que tomes el autobús. Es más barato.

2. ¿Cómo puedo mandar correo electrónico a mis amigos?
   Te sugiero que vayas a un cibercafé.

3. Quiero ver un volcán de cerca.
   Te recomiendo que hagas un tour.

4. No tengo dinero en efectivo.
   Te aconsejo que pagues con tarjeta de crédito.

De vacaciones

13 Lee el artículo del periódioco del colegio y contesta las siguientes preguntas.

Fin de nuestro año escolar

Terminó otro año escolar. ¿Cómo nos fue? ¿Adónde iremos?

Nos hemos divertido juntos y también hemos trabajado mucho. Nos hemos conocido un poco más. Conocemos mejor nuestros gustos, sentimientos y rutinas. Hemos hecho amistades nuevas y conocemos mejor a los que ya eran nuestros amigos de años anteriores.

Aprendimos muchas cosas interesantes, como las expresiones útiles para pasear por una ciudad, y cómo pedir información. Aprendimos pedir la comida en un restaurante. También aprendimos preparar algunas recetas.

Tuvimos varias competencias y concursos en el colegio. En unas ganamos y en otras no. Preferimos ganar pero lo mejor de eso es que conocimos a personas de otros colegios y lugares diferentes.

Salimos juntos de compras y nos ayudamos a escoger lo que mejor nos quedaba. Salimos de excursión y conocimos lugares muy bellos.

Los recuerdos de este año estarán en nuestros corazones. Nos vemos en el futuro y nuestros deseos son que, estemos donde estemos, todos vivamos muy felices. Por ahora ¡disfrutemos de las vacaciones!

---

1. ¿Cómo se siente el(la) estudiante que escribió el artículo ahora que ha terminado el año escolar? **Answers will vary. Possible answers:**
   Se siente contento(a), pero también un poco triste que está terminado.

2. ¿Qué aprendieron los estudiantes en este año escolar?
   Aprendieron expresiones útiles y como preparar algunas recetas.

3. ¿Qué hicieron los estudiantes en el año escolar?
   Tuvieron competencias y fueron de compras.

4. ¿Qué desea el estudiante que escribió el artículo para el futuro de todos?
   Quiere que todos vivan felices.

De vacaciones

14 Tienes que preparar una guía turística para tus parientes, quienes visitarán tu ciudad este verano. **Answers will vary.**

Nombre de tu ciudad: _____

Clima en el verano: _____

Lugares más famosos:_____

Lugares que has visitado en tu ciudad que pueden interesar a tus parientes:

_____

_____

Lugares que les recomiendas y por qué:

_____

_____

_____

Lugares que deben evitar *(avoid)* y por qué:

_____

_____

_____

Finalmente, incluye información sobre el dinero que necesitarán para entrar a museos, visitar atracciones y comer en restaurantes durante una semana. También diles qué tipo de ropa deben llevar y los medios de transporte que les recomiendas que usen.

_____

_____

_____

_____

_____

_____

_____

_____

INTEGRACIÓN

15 Estás de vacaciones con tu mejor amigo(a) y han decido escribir una tarjeta postal a sus amigos. Completa la tarjeta incluyendo la siguiente información:

   a. quién les aconsejó visitar el lugar donde están

   b. qué hicieron para prepararse para el viaje (reservaciones, llamadas)

   c. dónde se han hospedado y cómo han pagado por todos los gastos *(expenses)*

   d. qué han hecho para encontrar información sobre la ciudad

   e. qué han visitado, qué les recomiendan a sus amigos, y qué visitarán la próxima vez que estén en este lugar

Presta atención al uso de los tiempos verbales correctos.

Queridos amigos:

Hemos pasado una semana increíble. _____

Answers will vary.

_____

_____

_____

_____

_____

_____

_____

_____

_____

_____

_____

_____

¡Invéntate!

Familiares y amigos

1 In this activity, you'll create an identity for yourself that you will use throughout the *¡Invéntate!* section of this workbook. Write the following pieces of information in Spanish about yourself, about another real person of your choice, or about a fictional character: name, age, physical characteristics, likes, and dislikes. Remember that you will use this identity for future activities. Include pictures or drawings that show at least three of the interests or characteristics of yourself or the person you are writing about.

¡INVÉNTATE!

2 Write about your plans for this weekend. Talk about what you are going to do
with your friends or family. Also, mention the household chores that you have to
do before you can go out. Include pictures or drawings of at least three of the
chores or activities you mention.

En el vecindario

1 You are trying to decide what you'd like to be when you get older. Draw or cut out magazine photos of jobs you might like to have, based on your talents and interests. Paste the items onto this page. Then, write a short description in Spanish next to each item, making sure to mention what people in each profession do and why you would like to have that job.

¡INVÉNTATE!

2 Describe your house in a short essay in Spanish. Make sure to describe each of the rooms and things that can be found in them. Also, mention the household chores and responsibilities that you have.

Pueblos y ciudades

1 Use your imaginary identity or your real one to complete the following project. Your family has just moved to a new neighborhood and you don't really know your way around. There is a library close to your house that you'd like to walk to. As you walk, you stop several times to ask people for directions. Draw pictures of your imaginary path to the library and describe them in Spanish. Include the conversations you had with the people you asked for directions.

¡INVÉNTATE!

2 Use your imaginary identity or your real one. Imagine that you are meeting your friend at your grandparents' house. Give your friend directions in Spanish to their house. You may want to give directions for driving there. Or, you may want to talk about the types of transportation you could take (the metro, the bus, and so on). Include drawings or pictures to make your directions easier to follow.

¡Mantente en forma!

1 Use your imaginary identity or your real one to complete this project. You are on the soccer team for your school and have just had a game. Write an article for the school paper, in which you describe the game and tell the final results. Describe how you reacted at certain points throughout the game. Include pictures or drawings that show what happened in the game and how you reacted.

¡INVÉNTATE!

2 Use your imaginary identity or your own to write about the following situation. You cut your finger while making your lunch this morning. By the time you got to school, your finger was swollen and looked infected. Now you are at the school nurse and are explaining what happened to you. Tell her how you cut yourself. Write what her advice to you is. Include pictures or drawings of how you cut yourself, what your finger looks now, and what it looks like after your visit with the nurse.

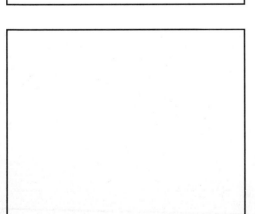

(109)

Día a día

1 Imagine that your character has been hired to write an article for a teen magazine about getting ready for a first date. Give step-by-step instructions for what a young man or woman should do, using the vocabulary and structures from this chapter. Illustrate your ideas with drawings or pictures from magazines.

(110)

¡INVÉNTATE!

2 Use your imaginary identity or your real one and write a description of yourself. Include your interests and things you like and dislike doing in your free time. Say how long you have been doing certain activities. Include drawings or pictures of three of your likes or dislikes.

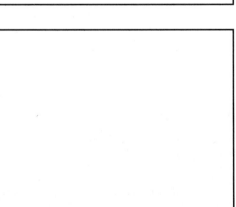

Recuerdos

1 Use your imaginary identity or your real one and tell your children what you were like as a child. Say what you liked and disliked and mention at least three things that you used to do. Also, say what you wanted to be when you grew up. Include pictures or drawings that show at least three of your interests.

¡INVÉNTATE!

2 Describe your character's first day at school. What was your teacher like? What were your classmates like? Describe both their physical appearances and their personalities. Include drawings or pictures of at least three of the people you mention.

_____
_____
_____
_____
_____
_____
_____
_____

_____
_____
_____
_____
_____
_____
_____
_____
_____

_____
_____
_____
_____
_____
_____
_____
_____
_____
_____
_____

(113)

¡Buen provecho!

1 Use your imaginary identity or your real one. Think back to the last time that
you ate in a restaurant. Describe in Spanish what you and the people you were
with had to eat. Say what the restaurant was like and how the food tasted. Draw
or find pictures of your favorite dishes from the meal.

¡INVÉNTATE!

2 Imagine that your character is the host of a television cooking program, and that on today's show you're describing how to make your favorite dish. List all of the ingredients and the quantities needed of each. Then, give step-by-step instructions. Include pictures or drawings of the ingredients or steps for preparing the dish.

_____

_____

_____

_____

_____

_____

_____

_____

_____

_____

_____

_____

_____

_____

_____

_____

_____

_____

_____

_____

_____

_____

_____

_____

_____

_____

_____

_____

_____

Tiendas y puestos

1 Use your real identity or your imaginary one for this project. Two days ago you went shopping with a friend. You had 150 dollars saved to spend on new clothes. Tell what you bought and how you made your decisions. You might include a conversation you had with your friend about certain articles of clothing. Include drawings or pictures of what you bought.

¡INVÉNTATE!

2 Imagine that your character has a stand in a local outdoor market. Describe what you sell and mention the prices of some of your merchandise. Tell about a time when you bargained with a customer who wanted to purchase one of the things you were selling. Include drawings or pictures of at least three of the things that you sell.

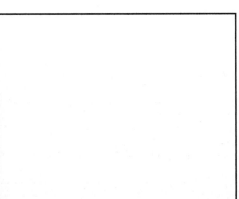

(117)

A nuestro alrededor

1 Your pen pal wants to know what the weather is like where your real or imaginary character lives. Describe what each season is like. Talk about the temperature and whether it rains or snows. Also, say if tornadoes, hurricanes, earthquakes, or other severe weather are common where you live. Include drawings or pictures of the weather during three different seasons.

¡INVÉNTATE!

2 Use your imaginary character or your real one to complete this project. You have won a contest in which the grand prize is the vacation of your dreams to anywhere in the world. Tell where you will go. Describe what you will do while you are there. Also, say how you hope the weather will be. Include drawings or pictures of at least three things you will do while on your dream vacation.

De vacaciones

1 Use your imaginary identity or your real one and describe your city or town. Create a travel brochure for Spanish-speaking tourists. In the brochure, recommend where they should visit, where they should stay, and where they should eat. You might include the prices of the attractions that you recommend and the methods of payment that they accept. Include drawings or pictures of at least three of the things you recommend.

¡INVÉNTATE!

2 Your character is on vacation and is having a great time. Write a postcard to send to a friend back home. Describe what you have seen and done so far. Also, tell about a particularly memorable day. Include drawings and photographs of things that you mention.